紅沙龍

Try not to become a man of success but rather to become a man of value.
~Albert Einstein (1879 - 1955)

毋須做成功之士，寧做有價值的人。 —— 科學家　亞伯‧愛因斯坦

實戰·書 一個投機者的告白

安納金——著

ANDRÉ
KOSTOLANY

暢銷逾20年、在台系列累銷80萬冊，
《一個投機者的告白》實戰版終於問世——
最貼近大師思維的投資高手安納金，
以最多元、最精闢、台灣讀者最有感的實戰案例，
教你活用科斯托蘭尼永恆智慧，找出自己的致勝方法！

目錄

第1章 ｜ 金錢的魅力

第2章 ｜ 證券交易動物園

解讀科斯托蘭尼的最佳著作

謝劍平

2008 年金融海嘯大家應該還記憶猶新，當時全球股市都出現急挫的走勢，記得我曾持有的兩檔小型股，在那段期間跌了五至六成，市場恐慌氣氛濃厚，有些人被嚇得趕緊出脫持股，以免損失繼續擴大。當時我的做法則是汰弱留強，將其中一檔股票賣掉，轉進另一檔仍有核心競爭力的公司股票，雖然這檔股票也在這波跌得很慘，但我認為當未來市場反轉時，這檔股票應能率先走強。果不其然，一年半後這檔股票在市場回升的過程中，反而讓我倒賺了近二成的獲利，證明我當初的想法與做法是正確的。而這個例子也讓我深深體認科斯托蘭尼所說的：「每當自己投機成功時，我先感到高興的，不是投機賺了錢，而是我和其他人有不同的見解，並且被證明是正確的。」

《一個投機者的告白》是德國股神科斯托蘭尼的經典著作，而本書則是解讀科斯托蘭尼的最佳著作。作者融入自身經驗與體會，將科斯托蘭尼的投資心法運用於台股實戰操作上，對國內投資人而言相當實用。本書所定義的成功投機家必須具備「閒錢、想法、遠見、耐心、運氣」等要素，與一般我們所認知在股市短進短出的投機者（比

較像本書所定義的證券玩家）有些許的不同，這是研讀本書時必須先建立的觀念。在第一段的故事中，如果沒有閒錢、想法和耐心，很難反敗為勝。若沒有閒錢和自己的想法，在股市崩跌的過程中，心理壓力將非常沉重，最後可能在市場極為悲觀的氛圍中被迫殺低持股；若沒有耐心，也很難將好股票一直持有到股價回升反映基本面的時候。當然，我也不是在每次的投資活動中都能夠獲利，偶爾也會有投資失敗的時候。其實失敗並不可怕，可怕的是無法從失敗中記取教訓。如何從每一次的失敗中找出錯誤，從錯誤中學習，是成功投資的不二法門，而這也是投機家與證券玩家的差別。

2018 年是金融海嘯十週年，美國股市走了將近九年的多頭行情，股市不斷創下歷史新高紀錄，同時也帶動全球股市走高，在這狂歡派對中，有人持續在舞池跳舞；有人則警告派對隨時可能結束。本書精闢解析科斯托蘭尼的經典公式：「行情發展趨勢＝貨幣＋心理」，當貨幣供給開始緊縮時，即便景氣仍持續成長，人們心理依舊樂觀，但股市通常會在 1-2 年內反轉向下，若投資人能深刻體會，就不難判斷未來的股市行情將如何變化。套用當前的經濟環境，美國自 2015 年 12 月已進入升息循環，且自 2017 年 10 月開始進行縮減資產負債表，意味美國貨幣供給已趨於緊縮。另外兩個主導全球貨幣供給的歐洲及日本央行則未開始緊縮貨幣供給，與美國並不同步，代表全

球資金尚未進入全面緊縮的狀態，全球股市或許還有表現的空間。之後若歐、日央行也開始採取緊縮的貨幣政策時，全球資金派對恐告一段落，股市將有下修的風險。此外作者也將「科斯托蘭尼雞蛋」運用於台股分析，並介紹許多成功投機家的交易原則，本書選在目前股市愈來愈難操作的時機出版，正可做為指引讀者的一盞明燈。

（本文作者為台灣科技大學財務金融所教授）

道與技的雙劍合璧

闕又上

所謂「傳道不傳技」，這意味著觀念、方向和心法的習得，大於技巧的鑽研。科斯托蘭尼在台出版的《一個投機者的告白》、《金錢遊戲》及《證券心理學》，這三本書傳的是「道」，很少觸及選股操作技巧，但這種擇時又選股的主動投資操作，原本就比買下一籃子指數基金的被動投資來得困難，但這是想要獲得超額報酬必須克服的挑戰。你決定採取主動投資策略了嗎？你確定你的個性適合嗎？

如果是，除了科老在「道」的引領外，誰又可以在「道」上再次提醒和點出，及「技」的操作上說明和示意，讓空軍和陸軍的協防作戰可以成為一體？誰可以讓你在道與技的學習上雙劍合璧？本書的作者是少數可以稱職扮演好此一角色的人，這在於作者學經歷的完整和時間淬鍊下的心得，這通常需要時間的醞釀，好像很難速成！

科斯托蘭尼《一個投機者的告白》，這本書，我最近以編寫投資教學課程教材的觀點和心情來閱讀的第三遍，感受最深。前兩遍是看了即過，第三遍是在字裡行間找尋學員可受益的觀念，這尋尋覓覓

中，其實也貫穿和印證許多投資大師一致的看法或心法。

沒想到我摘錄出的重點，多數也出現在這本書上，回想到要捺這麼多跤、要烙上這麼多的印記，竟然只是別人一本書的智慧和經驗，知識是力量，也是財富，誠不為過！

例如科老談了不少投機，但也說了更多的投資事。看書名會誤以為他會捍衛「投機為最佳獲利」；事實不然，他晚年已加入投資者行列，而且他把投資者分成兩類，固執的和猶豫的投資者，他認為豐碩獲利的勝利者是屬於固執的投資者。古人所說的擇善固執，在投資竟然也適用。

固執的投資者具備有四個特質，金錢、想法、耐心和運氣（他在文末又加了一項信念）：一、有想法，先且不論這個想法是正確或錯誤，重要的是三思而行，要有想像力，投資者必須相信自己的想法，如果已定出策略，就不可受當時的氣氛改變初衷，否則再天才的思慮也幫不上忙。（所以他加了第五項要素：信念。）二、有錢，其實他指的並不一定是高額的金錢，而是這筆錢不急用；三、有耐心，為什麼多數人沒有耐心呢？如果你沒有想法，那怎麼耐得住股市的寂寞和無聊，想到的全是一夜致富的招數；四、運氣；最後他又強調必須要

有第五項：類似一個信念，信念當然有比想法更強烈，更能堅持和耐風寒了！

這個邏輯思考在現實中是這樣連鎖反應：投資者如果缺少資金，或有債務，就不可能有耐心；投資者如果沒有想法，就不會有策略；沒有策略，也不會有耐心，只會受情緒的支配隨眾人起舞！如果本來就沒有耐心，那麼金錢和想法，對投資者也不會有任何幫助。（這五項要素，金錢、想法、信念、耐心和運氣，環環相扣。）

這讓我想起了有人說，投資該思考的事情是，第一先要有投資哲學；第二才能夠據此研發出投資策略；第三，才能保有紀律，這三件事情其實是環環相扣、息息相關。

你不一定要在投資的道路上跌跌撞撞，付出高昂的學費，金錢買不到歲月，但經驗必須在歲月中累積。這一本書，如果能夠指引或更鞏固你正確的投資哲學，且讓你在技的方面提升，將有助於你在投資策略的執行面更加精準，那麼保有紀律，就是水到渠成。如果能夠做到以上這三件事，你已經邁向贏家的行列！

（本文作者為美國又上成長基金經理人、財經作家）

——推薦序——

投資者關注事物的本質，
而投機者更關注人性的本質

Mr.Market 市場先生

　　在剛投入投資市場的第一年，當時的我對市場充滿著好奇心，總想著從每一本投資書籍的隻字片語中找到投資獲利的關鍵，而《一個投機者的告白》正好是那時接觸到的書。有趣的是，這本書中的每一個故事我都看得懂，也大概知道科斯托蘭尼這位德國股神想傳遞的觀念，但看完我還是不知道該怎麼操作。例如著名的「科斯托蘭尼雞蛋」，分辨不同的景氣循環後判斷目前的現狀與趨勢，觀念我們都理解，但實際操作時，並不知道應該根據哪些明確的指標判斷，畢竟對於科斯托蘭尼來說，這屬於投機的藝術。

　　即使不知道具體的操作方法，《一個投機者的告白》依然給當年的我很大的啟發，打破了很多既有的觀念。舉例來說，教科書和商學院課程一直強調市場有效率，股價反映實際企業價值，還因此衍伸許多理論，但科斯托蘭尼否定這說法，他說：「股價永遠不會等於公司實際價值，否則就不會有證券交易所了。」意思是根據實際觀察，即使再好的股票，在趨勢下跌時頂多也只是持平，甚至大多依然是下

跌，代表價格並沒有真正反映企業的價值。這觀點與價值投資者看法相同，但做法不一樣。價值投資是假設股價終將回歸真實價值，因此在股價低於合理價值時買進。科斯托蘭尼則是認為，無論觀察價格或是觀察價值，實際上都沒辦法真正對未來股價做出預測，獲利關鍵是判斷當下的趨勢。

而趨勢要如何判斷？他說：「行情發展趨勢＝貨幣＋心理」，從更宏觀的角度來看待長期趨勢，這就是投機者與投資者的差異：投資者關注事物的本質，而投機者更關注人性的本質。貨幣具體來說是什麼？在這本書中，安納金補充了許多科斯托蘭尼未談到的觀念細節，讓閱讀故事與觀念之餘，也能實際應用科斯托蘭尼的智慧。本書會從總體經濟的貨幣供給來看，各國央行的貨幣政策是如何影響到債市、股市、房地產、原物料市場。

大多數投資人最常問的問題是：「現在可不可以買？」、「應該買哪一檔股票？」這些問題背後有許多沒說出來的潛台詞，就是認為：買了以後就會持續上漲、不會下跌。他們往往覺得有一個「最佳的時機點」，通常指的是買在最低點，或是買在起漲點。但如果實際去觀察線圖就會發現，所謂的最低點或起漲點，只是股市漫長時間軸中的鳳毛麟角，就機率而言，人們很難完全 100% 正確抓住某些點。

但從趨勢判斷的觀點來看，其實只要趨勢對了，不需要是起漲點，過程中的每個進場點幾乎都可能幫你帶來獲利。也許獲利金額比率多少有差異，但因為趨勢往往有很長的延續性，要置身其中並不困難。

　　因此，從趨勢的變化中，也可以進一步觀察到市場所處的階段，並藉此調整投入的資金部位比重。為什麼不是全部買進或全部賣出，而是調整比重？也是因為我們無法 100% 預測時機點，但長期而言，市場是以多頭為主，做空獲利並不容易，因此人們往往恐懼空頭來臨，實際上錯過多頭對於報酬率的懲罰往往來得更嚴重。

　　趨勢會延續，除了資金面還包含了心理面。這與物極必反的邏輯剛好相反。作者安納金提到，在股市當中較特有的一個現象，是當一個明顯的市場趨勢產生之後，它會強化人們的投資信心，因而促使人們更勇於投資，進而讓原本的趨勢加以延續，這也就是股價趨勢的慣性。

　　正因為趨勢有一部分是投資人的心理面所造成，因此我們自己的心理狀態，會大程度影響投資與投機的成果。科斯托蘭尼說：「我常去證券交易所，因為其他地方都不像這裡，能看到這麼多傻瓜。並不

是我對傻瓜感興趣，而是為了進行和他們截然不同的動作。」這也是為什麼投資操作要用閒錢、避免過度槓桿，原因是一旦自己有了情緒，你就很容易成為市場趨勢的一部分，通常是被犧牲的那一部分。

許多人誤以為多頭趨勢就是買的人很多，其實這觀點並不完全正確，任何的市場成交一定都存在著買方與賣方。科斯托蘭尼說：「小麥跌時，沒有買小麥的人；小麥漲時，沒有小麥。」趨勢的判斷實際上必須要考慮量能的變化，很多時候量大反而是重要的出場警訊。

最後推薦這本書給你，建議你可以先讀《一個投機者的告白》系列三本書，之後把疑問記錄下來，在閱讀這本書時你會更有收穫。

（本文作者為《商業周刊》財富網專欄作家）

百年智慧，經典重現

我和科斯托蘭尼之間的不解之緣要從 2001 年說起，當時經歷過 2000 年科技泡沫，全球經濟明顯衰退而全球股市一片慘跌，台股從 2000 年 2 月高點 10,393 點，跌到 2001 年 9 月最低點 3,411 點，跌掉了 67%，這僅是大盤指數的跌幅，在當時有許多中小型電子股的股價跌幅甚至高達 95% 至 99%，股民哀鴻遍野，個人的投資也無法幸免於難。

在 2000 年科技泡沫後，一直到 2002 年期間，投資理財類的書籍寥寥如進入了緘默期，很少再有新書上市，就算有，台灣股民們在歷經慘賠之後，對於閱讀這類書籍也顯得意興闌珊。畢竟，全球股市從 1990 年到 2000 年走了十年的大多頭行情，人們所見所聞、所學所用，都是多頭時期下的方法，而真正步入大空頭市場之後，人們心理屢遭挫折打擊，彷彿以前所學的觀念和所用的方法一夕間全都是錯的，在無法確定什麼才是對的之前，誰還能再有勇氣踏進股市這片絕望的沙漠呢？

我是在 2001 年底、這樣的時空背景下接觸到了科斯托蘭尼的遺作《一個投機者的告白》，當時他已經離世兩年，這是他生前的最後一部作品。從細細品味與理解這本大作的過程中，因參透而讓我深覺震撼與感恩，科斯托蘭尼的智慧跨過了時空，使我腦袋裡對於空頭市場的結，紛紛獲解。舉例而言，他說：「這是個永恆的法則：每次證券市場中的崩盤和潰散都以暴漲為前導，而每一次的暴漲都以崩盤收尾。證券市場四百年來的歷史便是一連串由暴漲和災難所交織成的。」

網際網路泡沫破滅只是壓垮了駱駝的最後一根稻草，1990 年至 2000 年全球股市暴漲的榮景本身已經種下了日後崩盤的禍因，如要塵勞碌碌花時間去探究每一次崩盤的最後一根稻草，是徒然空費力的。理解「暴漲和崩盤是分不開的搭檔」這個原則，可以幫助我們在回顧百年來歷史時得到驗證，並且是適用於任何一個市場的真知灼見。事實上，無論是股票市場、債券市場、外匯市場、能源及原物料市場，還是房地產市場，都遵循這恆久不變的模式在盛衰循環當中不斷地重演著。

科斯托蘭尼在《一個投機者的告白》著作當中還有許許多多受到廣大投資人喜愛、時常被引用的智慧語錄，例如：「經濟發展和股市

的關係有如一個男子帶著狗在街上散步，像所有的狗一樣，這隻狗先跑到前面，再回到主人身邊，接著，狗又跑到前面，看到自己跑得太遠，又再折回來，最後，他倆同時抵達終點，男子悠閒地走了一公里，而狗則來來回回走了四公里——男子就是經濟，狗則是證券市場。」這個真知灼見，已經內化成為了我個人交易的基本邏輯之一。

科斯托蘭尼所使用的市場研判方法，並不是一般散戶所認知的短線投機交易者在看的技術指標、線圖，而以總體經濟面相關的數據為主。事實上，科斯托蘭尼並不認同技術分析可以幫助投資人獲利，他認為最好的看盤週期是以「週」為單位，以趨勢做為進退依據，並非每天隨著市場漲跌的群眾心理高低起伏而起舞。這和我常說的「潮汐大過波浪、又大過漣漪」道理相通。也相近於「要學會開車是不能一直盯著方向盤開車，而是要把眼光放在眼前 300 公尺距離」的感悟。這又與科斯托蘭尼眼中的投機家，是有遠見的戰略家，將眼光放在趨勢的研判上，而不是盯著盤面上的股價跳動有著如出一轍、異曲同工之妙。

科斯托蘭尼提出了一個極為經典的行情研判公式：「行情趨勢＝貨幣＋心理」，這個概念讓我運用在分析全世界大多數的股市、債市、黃金、能源、房價等領域時，能夠八九不離十的了然於胸。資金

等於貨幣供給，而在極短期內投資標的供給量幾乎沒變的狀況下，只要市場上游資變多，那麼，過多的資金去追逐固定之標的，隨之而來的價格自然水漲船高。我也常把這個現象比喻為「潮汐」，只要全球主要央行持續的寬鬆貨幣政策沒有轉向，資金的潮汐就會把全球主要股市的價格向上推高。這樣的判斷準則幫助了我，從 2002 年至 2018 年之間的兩次景氣循環週期當中，在跨資產類別的資產配置上，形成一套絕佳的中長期相對穩定的操作模式，使我在投資績效表現上受惠良多。

當 2018 年初，《商業周刊》出版部主動與我聯繫，希望我為科斯托蘭尼增修版的《一個投機者的告白》、《金錢遊戲》、《證券心理學》三本書撰寫推薦序，我雀躍欣喜的心情溢於言表。事實上，早在 2001 年藉由閱讀科斯托蘭尼的書所獲得的啟發，經過十多年的時間內化之後，雖然已不記得確切的內容，然而，當我為了寫上述的推薦序而重新閱讀那三本書時，卻屢屢在心底激盪出「天啊，就是這樣！」的驚喜與讚歎！因為個人 20 多年來在金融市場上的拚搏，血淚斑斑當中所體悟出來的心得，與科斯托蘭尼書中所傳達的智慧一經比對，竟是如此令我感動的相近、以及相互輝映！

因此，一方面為了感激已故的科斯托蘭尼在我一生投資之路扮演了極為關鍵的啟蒙者，我也希望更多人能夠一同領受到他的智慧；另一方面希望自己可以透過重新細讀《一個投機者的告白》等三本書籍，重溫科斯托蘭尼的智慧，從中尋找讓自己的投資思維能更上一層樓的機會。於是，2018 年 2 月底我在臉書成立了「一個投機者的告白讀書會」，後來又將《投資最重要的事》、《原則》等投資大師的著作一併納入延伸閱讀，因此社團名稱後來調整為「讀書會：一個投機者的告白、投資最重要的事、原則、高手的養成」。至 2018 年 9 月底，該社團雖僅成立短短 7 個月的時間，社員已經累積達到超過 1 萬 9 千人，成為目前國內最大的網路線上讀書會之一。社團裡深度討論文章累積達上百篇，幾乎都是以各投資大師的智慧，運用在近期市場上的實戰心得交流分享。（將來社團名稱或許會配合需要微調，然而讀書會的主軸圍繞在科斯托蘭尼的智慧是不變的。）

儘管本書撰寫的主要內容，並非擷取於讀書會中的研討資料，而是個人花了幾個月的時間，重新把《一個投機者的告白》書中的智慧運用在過去 20 年金融市場進行實證，統合成為一本現代演繹版；然而，上述讀書會所討論的內容應可以達到相輔相成的效果。因此，我很鼓勵您由臉書尋找該讀書會並且加入，做為本書的延伸閱讀。而本書問市之後，我計畫將與讀者們在該社團中對於本書進行相關的互動

討論。

最後，科斯托蘭尼儘管年輕時曾在放空交易領域賺到大錢，然而晚年卻選擇與群眾為伍，在咖啡館當中，無償地為社會大眾講授投資知識與經驗，並解答聽眾們在投資上的各種疑問，受到社會各階層的喜愛，也為台灣市場上成功交易者樹立一個最佳的典範。他親身證明了強者不一定是孤獨的，只要願意伸出雙手擁抱世人，人生可以過得更具意義、更豐足。這與我的拙作《高手的養成：股市新手必須知道的 3 個祕密》書中所說的：「如果你將自己的目標，設定在『我一輩子要贏多少人』，或者『我一輩子要賺多少錢』，老實說，我很少看到這些人最終是快樂的……；如果你將自己的目標，設定為『我一輩子要幫助多少人』，那麼這樣的人生是充滿喜悅、希望、滿足的，每天巴不得快快起床，人生有意義、有成就感多了。」觀點與理念不謀而合。

宋代的理學家張載（西元 1020 年—1077 年）在近一千年之前留下了一句名言：「為天地立心，為生民立命，為往聖繼絕學，為萬世開太平。」（語出《張子語錄》）流傳至今，還有多少現代人懷抱這樣的理念呢？身為投資界的一分子，今天你我有幸為已離世的科斯托蘭尼延續其所傳遞的智慧，至少，在為往聖繼絕學的這條道路上，我

們相遇、相知、相惜。生命苦短，豈容卑微？

願善良、智慧與你我同在！

安納金

金錢的魅力

人類對財富的追求，是千年不變的基本欲望

錢，屬於狂熱追求金錢的人。他必須對金錢著迷，就像
被魔法師催眠的蛇，但又必須和錢保持一定距離。一言以蔽
之，他必須瘋狂愛錢，又必須冷靜對待錢。

　　　　　　　　　　——科斯托蘭尼，《一個投機者的告白》，
　　　　　　　　　　　　　　　第 1 章〈金錢的魅力〉

追求金錢是值得稱許的嗎？

科斯托蘭尼認為，從兩千多年前的古希臘哲學家亞里斯多德開始至今，全世界各界對於追求金錢這件事情的觀點有諸多不同的見解，然而，不可諱言的，對於想要從事投機交易的人來說，金錢的報償可以說是占了主要動機的絕對多數。

雖然距離 2008 年金融海嘯已長達 10 年之久，2018 年底的此時，歐洲和日本仍在實施負利率政策，即便是景氣復甦最明顯的美國，利率水準也遠不如從前。在銀行存款的利率顯然難以抵擋通貨膨脹的同時，尋求更積極的操作來提升資產的回報率，是後金融海嘯時代，整體世界環境所帶給人們的額外壓力。

然而，人類對於財富的渴望，事實上是超脫時空、千年來不變的基本欲望之一，除非人類文明進化到與過去兩千年來我們所知的世界截然不同的生活模式，否則只要人性沒有太大改變，這個現象就會一直延續下去。

無論基於什麼原因，有些人不認為追求金錢值得稱許，然而卻沒有人可以不受金錢影響，而能在當今世界中安穩的過生活，這也足以

解釋「財務自由」這四個字如何吸引現代人，因為除非免除掉經濟上的壓力（也是生存的壓力），人們才開始獲得想做什麼、就做什麼的自由；換句話說，財務自由才是真正自由的基礎。所以我會說，**財務自由只是個開始，一個真正做自己的開始。**

成功投機家的四個要素

　　儘管追求金錢報酬，可以說是絕大多數投機者進入市場初期的主要動機之一，然而，隨著時間經過，有部分投機家們會超脫這個動機，他們對於驗證自己觀點正確所從中獲得的滿足感，大過了對於金錢的渴望。科斯托蘭尼說：**「每當自己投機成功時，我先感到高興的，不是投機賺了錢，而是我和其他人有不同的見解，並且被證明是正確的。」** 如果你對科斯托蘭尼這句話有相同的感覺，那麼恭喜你，已經具備了一位成功投機家最關鍵的條件之一：有想法，這是一切成功投機的基本要素之一，在此書之後的諸多章節中，都是圍繞在如何為自己建立一套穩健的想法，來據以進行投機交易。

　　要進階到上述的境界，並不見得在技術上達到多麼高超的水準，關鍵在於是否擁有足夠的資金來驗證自己的看法，當驗證自己看法對

錯的重要性凌駕了創造更多的資金之後，你就會享受來自於投機交易的愉悅感，即便輸錢，也輸得很痛快，而沒有明顯痛感。

如果你在本業獲利豐碩，或者繼承了足夠的家產，可以做為投機交易所需的豐沛資金來源，那麼基本上你就可以享受這種驗證自己觀點的樂趣，而不會那麼在意實際上是賺了多少錢。然而，**當你不是為了建立穩定獲利的操作模式而努力，純粹只為了感受在股市當中豪賭的樂趣，這絕非與真正偉大投機家們走在相同的道路上，你只是一個證券玩家**，這樣的人並不是科斯托蘭尼任何一本著作、或我的著作所期待的讀者。我們寧可你保住原有的本金，拿去捐款給任何慈善機構，也不要在市場中當個傻蛋，把錢輸給你完全不認識的人，甚至於根本不知道是誰贏走了你的錢（因為股市是匿名制交易），並不是憐憫你，而是同情你的家人，股市裡的傻蛋已經夠多了，實在不需要再多一個。

科斯托蘭尼認為，**一位偉大的投機家必須具備四個要素：有金錢、有想法、有耐心，以及一點運氣**。這個觀點寫在《一個投機者的告白》第 7 章以及第 12 章，而非在書的開頭，是因為將偉大投機家與其他的專業投資者、以及一般業餘玩家相比，這四點算是比較能夠明顯區隔出差異所在；我則認為需要提早在這本書的開頭就先探討，

因為這攸關是否該選擇投入投機交易世界。倘若你衡量自身的條件尚不符合，那麼等條件成熟了再考慮，或許是較明智的決定。

這四要素在科斯托蘭尼辭世後將近二十年後的今天，我們重新進行檢視，或許「**有金錢**」這個要素需要做一些微調，**而且應該更加嚴格：改為「有閒錢」**，因為現在人太容易從家人或親友處取得資金來操作股票（每個人都做發財夢，這是身處於紛亂的世界中，人們永遠不變的共同理想啊），或者透過各種借貸及融資管道，來取得資金進行操作。

然而，如果錢不是自己的，那麼用借來的錢做投資往往不會有好的結果，因為成功投機家的另外一個要素：**「有耐心」的前提是必須要用閒錢做投資**，如果今天你持 300 萬元進入市場做投機交易，然而這筆錢三個月後是要用來繳房貸的頭期款，或者是借來的，必須在三個月後還，那麼你就不可能有十足的耐心等待看法被驗證是否正確，期間可能熬不過一個回檔修正，就急於變現而認賠出場了。

可見用來做投資或投機的本金如果是有期限的，隨著時間經過，愈是接近到期日（你必須把本金還給別人），相對會承受愈大必須出場的壓力，這意味著：時間站在與你敵對的一方。如果時間站在和你

同一邊，你都未必能夠從股市賺錢，當你與時間為敵的狀態下，又如何能贏錢呢？因此，我常說：**「無恆產者，必無恆心」**，這是我在股市當中看過無數借錢投資者的下場之後所做的結論。

另外，在二十年前任何人想要做到跨國投資、小額投資，都是困難的，但是當今許多網路券商是允許小額投資，而更多大型的券商支援你以相當低成本進行跨國投資交易，因此目前的交易門檻比起科斯托蘭尼活躍的時代還要低廉許多。因此，金錢的多寡變得不再那麼絕對重要，但是**無論多寡，都必須是自己的錢、是閒錢，這樣的錢才堪稱為成功投機者的本金。**

財富自由需要多少錢？

我曾經在以原「一個投機者的告白讀書會」為名的臉書社團，詢問每一位夥伴以下幾個問題：

1. 您認為財富自由需要多少錢？為什麼是這個數字？
2. 您是否曾經在做空的投機交易上有獲利的經驗？獲利的金額或報酬率高嗎？

3. 您認為做空獲利的難度會比做多獲利的難度高嗎？高多少倍？

4. 您認為投機交易是比較像科學？還是藝術？

　　我必須先說，這幾個問題都沒有絕對的答案或者對錯，但卻可能是在你未來漫長的投資（或投機交易）生涯當中成為判斷與抉擇的關鍵問題，也可能形塑出你的投資／投機哲學與最終目標。以下依序為上述幾個問題，做進一步的探討。

您認為財富自由需要多少錢？為什麼是這個數字？

　　在台灣，多數人的回答會是在新台幣 2,000 萬元至 3,000 萬元之間，而最常用的推算邏輯是「獲得穩定的被動收入，大過於生活開銷」。我們就以台灣的股息殖利率平均約 4% 左右的水準來反推：假設需求條件是每年穩定獲得 100 萬元的股息來維持生活所需，如此你需要的投資本金就是 100 萬元除以 4%，也就是 2,500 萬元。

　　然而，這樣的計算方法存在著一個超越現實的難題：你不知道未來的股息殖利率是否一直保持現在一樣水準。假設將來台灣的平均股

息殖利率降到 2% 左右的水準（目前日本股市的平均股息殖利率差不多是這個數字）那就需要兩倍的本金投入台股，也就是 5,000 萬元。如果未來的平均股息殖利率僅有 1% 的水準時，所需要投資本金將提高至 1 億元，才能達到 100 萬元的配息標準。

此外，你也無從預知未來的利率或通貨膨脹率，如果銀行的利率也與當今的歐洲和日本一樣，是接近零利率水準的話，那麼你就不可能靠銀行存款來養活自己，尤其在物價水平攀高的環境中，更需要把資金充分地投資運用在其他能夠孳息的資產類別上，包括股票、債券、外幣存款、房地產等等，才足以支付日漸增加的生活費用開銷。這也是為什麼，科斯托蘭尼在《一個投機者的告白》原著第 3 章〈憑什麼投機？〉當中指出債券是比你所知道還重要的標的；而房地產則是大投機家的事。**一個偉大的投資家，並不會只將眼光放在股市當中，因為想要長期保有存活的機會，你就必須涉獵廣泛、不讓自己局限在單一資產的單一區域當中。**

您是否曾經在做空的投機交易上有獲利的經驗？

在一萬多人的「一個投機者的告白讀書會」臉書社團當中，大

約 400 位讀書會成員分享了他們的經驗，其中大概有三分之一的人嘗試過做空，其中包含了廣義的各種做空工具，包括放空股票、放空期貨、買進賣權、買進反向型 ETF、買進認售權證等等。

然而，在這些有做空經驗的人當中，不到一半的人有獲利的經驗，而其中對於獲利的金額或報酬率滿意的人則是微乎其微。這樣的統計調查結果並不令人訝異，因為若以台灣加權股價指數而言，過去十年來（2008 年至 2018 年）大盤指數若將配息還原計算在內，總報酬率大約是 200%，清楚顯示出過去 10 年做多台股平均會賺到 200%的報酬率，也就意味著，做空的人要虧光本金兩次以上。這是完全沒有使用槓桿的狀況，如果使用期貨的 10 倍槓桿，過去 10 年持有不動應該就要虧光你的本金 20 次以上，而選擇權或者權證的槓桿倍數，有時候又大過了期貨的槓桿！

這個統計調查結果給了我們一個很重要的啟發：重視趨勢的力量。行情的趨勢判斷，在科斯托蘭尼的交易實務以及他的著作當中扮演了相當重要的一個基本原則，如果你逆勢而為，基本上勝算很低，因為**「與趨勢為敵」是投機家的大忌**，是相當吃力不討好的策略。一般散戶投資者若在一個大漲十年的市場都無法順勢賺到錢，那麼逆勢操作又怎麼能夠賺到錢呢？

您認為做空獲利的難度會比做多獲利的難度高嗎？

我們可以反問，如果過去十年是個空頭市場，是不是上述的統計調查結果就會反過來，變成做空交易者大賺呢？答案可能是「並不會發生」。因為空頭市場進行的時間愈來愈短，拜資訊科技與網際網路之賜，資訊快速流通於世界各個角落，而且金融交易的效率又比一、二十年前優化更多。

1994 年網際網路才問世，而手機下單大約也是最近 10 年才快速增長到目前狀態，綜觀過去 20 年來每一次全球股市空頭，只要市場悲觀氛圍籠罩，所有人一窩蜂地急著賣，賣壓宣洩速度相當快速，也造就空頭市場進行的時間愈來愈短，短到與多頭市場所進行的時間差距愈來愈大，然而空頭以急跌修正的幅度卻是又急又猛。

程式交易的盛行，也促使停損單可以在極短的時間內完成大規模、而且標的廣泛地執行，甚至是跨國執行，**「閃崩」這個名詞不容小覷，在未來出現的機率遠大過了以往**。然而，你卻很難從股市的閃崩當中放空獲利，因為當你看到股市大跌才要去放空股票的話，可能等你下單時股市已經反應完畢，甚至要從超跌當中開始反彈了。

這個現象讓我們得到了另一個很重要的觀點：**空頭市場，與多頭市場，並不是完全對稱的**。一般而言，多頭市場進行的時間比較長，而空頭市場進行的時間比較短；多頭市場的走勢型態比較單純，通常是「緩漲急跌」，而空頭市場的走勢型態不僅是「緩跌強彈」，還多了「雪崩式下跌」、「上沖下洗」、「無量下跌」，打底又有「碗型底」、「Ｗ底」、「頭肩底」、「Ｌ型底」等等變化多端的型態。因此，**如果你試圖以多頭市場的操作習慣，在空頭市場當中「倒過來做」，其實是不可行的**。這也解釋了，為什麼每一次的空頭市場都使得多數投資人損傷慘重。

您認為投機交易是比較像科學？還是藝術？

科學（英語：Science）根據維基百科的定義，是通過經驗實證的方法，對現象進行歸因的學科。科學活動所得的知識是條件明確的，不能模稜兩可或隨意解讀、能禁得起檢驗的，而且不能與任何適用範圍內的已知事實產生矛盾。❶

---

❶ 資料來源為維基百科「科學」詞條：
https://zh.wikipedia.org/wiki/%E7%A7%91%E5%AD%A6

對於投機交易，你或許可以用看似科學的方式來進行統計、歸因、分析，例如程式交易就是將人們經過歷史回測的方式，尋找出能夠獲取利潤的交易策略，透過電腦的事先設定來自動判斷並完成交易，就這個觀點來看，有點科學的意味。然而，程式交易終究只扮演了一部分的交易輔助角色，卻無法 100% 賦予完全的權限，因為就算有 70% 的狀況下是可以獲利的，你也很難控制在那 30% 不利的狀況所招致突如其來的極端噩耗。

科斯托蘭尼在《一個投機者的告白》第 1 章〈金錢的魅力〉當中寫下了這麼一段話：「**在長達八十年的證券交易經驗中，我至少學到一點：投機是種藝術，而不是科學。**」因為在真實的金融市場當中，有時候人們的反應像喝醉酒的人士一樣，聽到好消息卻在哭、聽到壞消息卻在笑。我認為，人們永遠無法準確地預估一個精神狀態不佳的人會對於一個消息做出何種的反應，而股市的漲跌則是由許多精神狀態不佳的群眾所交互作用產生的結果，因此就更加難以預料了！

科斯托蘭尼認為要在股市當中獲利，是需要具備想像力的，他說：「**和繪畫藝術一樣，大家在交易所中，也必須了解超寫實主義，因為有時候會頭下腳上，和欣賞印象派的作品一樣，永遠無法看清輪廓。**」

我曾經花了十多年的時間，藉由大量統計與邏輯分析的方式來指導投資人如何運用歷史統計以及技術分析來判斷金融市場、掌握超額利潤的機會。然而我終究體認到，往往那些真正能夠創造極大獲利空間的交易，是出現在人們的集體誤判下所產生的短暫機會，而這些造成人們誤判的事件，在歷史記載上都是始料未及第一次出現的。

　　例如 2016 年 6 月英國脫歐公投，意外地由脫歐派勝出，然而歐洲股市只下跌兩天，之後便展開大多頭走勢，德國和法國股市甚至在隨後的兩年之內頻頻創下歷史新高，這對於一切要求合乎邏輯的人們而言，豈不諷刺；另外，2016 年 11 月美國總統大選前，無論就社會輿論、或者市場上的賭盤來看，都是希拉蕊領先川普，當時市場盛傳一句笑話：「如果希拉蕊當選，就會是美國的第一位女總統；如果川普當選，就會是美國的最後一位總統（意思是指美國要滅亡了）。」然而，在 11 月 9 日大選開票結果公布，川普出乎市場預料的勝出之後，美股只在亞洲期貨盤重挫，然而在當天美股開盤後已經不跌甚至收紅，美股由此展開了長達一年多的強勢大漲，頻創歷史新高，直到 2018 年 1 月底漲勢才暫歇。這對於那些選前認為川普當選美股將崩盤的人來說，真是開了一個天大的玩笑。

　　股市當中的邏輯，和我們一般生活當中的邏輯截然不同，愈早認

清這個事實，就愈不會在詭譎多變的股市當中受到嚴重傷害。有時候，你必須坦然接受股市當中許多完全不合乎我們直覺與邏輯的結果，這樣才算是擁有健康的心理，讓你常存於股市當中。

證券交易動物園

投機家並不是賭徒，而是有遠見的戰略家

投機行徑就像一段危險的航海之旅，航行在發財和破產之間。大家需要一艘適合遠航的船和一位聰明的舵手。這艘船指的是什麼？我認為是資金和耐心及堅強的神經。至於誰是聰明的舵手？當然是經驗豐富、能獨立思考的人。

　　　　　　　　　　──科斯托蘭尼，《一個投機者的告白》，
　　　　　　　　　　　　　　　第 2 章〈證券交易動物園〉

投機者並不是賭徒

科斯托蘭尼認為：「**只要人類存在，就有投機和投機家，不僅見諸過去，也見諸未來。**」❶因為賭徒永遠不死，「每次證券市場蕭條，大家對股票和證交所都感到由衷厭惡，但我堅信之後都會出現新的時期，過去的一切傷痛會被遺忘，大家又像飛蛾撲火般，再次走進證交所。」在我眼中，這就像是上演了數百年的老戲，儘管時空背景不同了、演員也都換了一批新的人，但是上演的都還是那幾套老劇本。看在新手的眼裡，股市的高潮迭起精彩無比（儘管他們沒想到最後是以悲劇收場）；看在老手的眼裡，還是那麼的有趣，有趣的不是故事本身，而是為什麼每次總是有那麼多新手趾高氣昂地踏上這個舞台，然而嘴裡說出的台詞，老手們都可以倒背如流了。

投機，根據目前維基百科中文版的定義，如下：

「不同於投資，是指貨幣所有者以其所持有的貨幣購入非貨幣資產，然後在未來將購得的非貨幣資產再次轉換為貨幣資產，以賺取較低的購入價格和較高的出售價格之間的利潤，即差價。投機存在風

---

❶ 引自《一個投機者的告白》，第2章〈證券交易動物園〉。

險，如同賭博，並非增加資產的可靠方法。」❷

　　這顯然是具有傳統儒家思想的中國人所建立的內容，因為從最後一句話：「投機存在風險，如同賭博，並非增加資產的可靠方法。」可以看出來，會做如此定義的人或許是遵循了中國傳統社會一向把「投機」與「投機心態」、「炒作」畫上等號，投機者是一種不事生產而專門靠買空賣空來從中獲取利潤的人。

　　我們應該以目前維基百科的英文版來重新檢視「投機」一詞：

「Speculation is the purchase of an asset (a commodity, goods, or real estate) with the hope that it will become more valuable at a future date. In finance, speculation is also the practice of engaging in risky financial transactions in an attempt to profit from short term fluctuations in the market value of a tradable financial instrument–rather than attempting to profit from the underlying financial attributes embodied in the instrument such as capital gains, dividends, or interest. Many speculators pay little

---

❷ 資料來源為維基百科「投機」詞條：
https://zh.wikipedia.org/wiki/%E6%8A%95%E6%9C%BA

attention to the fundamental value of a security and instead focus purely on price movements. Speculation can in principle involve any tradable good or financial instrument. Speculators are particularly common in the markets for stocks, bonds, commodity futures, currencies, fine art, collectibles, real estate, and derivatives. Speculators play one of four primary roles in financial markets, along with hedgers, who engage in transactions to offset some other pre-existing risk, arbitrageurs who seek to profit from situations where fungible instruments trade at different prices in different market segments, and investors who seek profit through long-term ownership of an instrument's underlying attributes.」❸

　　我對於以上英文版所做的中譯如下：「投機是購買資產（原物料，貨品或房地產），希望它在未來的日子變得更有價值。在金融領域，投機也是從事具有風險性的金融交易以試圖從可交易金融工具的市場價值短期波動中獲利的做法，而不是試圖從投資工具本身所內生的屬性來獲利，例如資本利得、股息或利息。許多投機者很少關注證券的基本價值，而只關注價格走勢。投機原則上可以涉及任何可交易的商品或金融工具。投機者在股票，債券，商品期貨，貨幣，藝術

---

❸ 資料來源為維基百科「Speculation」詞條：https://en.wikipedia.org/wiki/Speculation

品，收藏品，房地產和衍生性商品市場尤為常見。投機者在金融市場中扮演四個主要角色之一，與避險者一起參與交易以抵消一些其他已存在的風險，套利者尋求從可替代標的物在不同市場以不同價格交易的情況中獲利，以及投資者通過長期擁有標的物所具有的基本屬性來尋求利潤。」

維基百科英文版對於投機的描述，顯然更具體、客觀、完整的多了，這與中國長期採行資本管制有高度的關係，由於中國境內資金無法自由匯到海外進行投資；海外資金也無法隨意地進入中國內地進行投資（除非通過一定的申請程序，或特定如「滬港通」、「深港通」等管道），使得中國境內投資者所能夠交易的標的受限，也因此在投資的國際觀方面相對不夠完整、對於投機交易的定義也頗受局限。

根據科斯托蘭尼的定義：「**投機家是有識之士，是三思而後行的證券交易人士，能夠準確預測經濟、政治和社會的發展趨勢，並且從中獲利。**」[4]因此與賭徒、業餘的證券玩家們截然不同，這在本章稍後會針對每一種交易者的類型做深入的比較與討論。

---

[4] 引自《一個投機者的告白》，第1章〈金錢的魅力〉。

你適合投機嗎？

科斯托蘭尼說過一句經典之語：**「有錢的人，可以投機；錢少的人，不可以投機；根本沒錢的人，必須投機。」**[5] 根據他的觀點，「有錢」指的是那些已經替自己和家庭做好財務準備的人，包括：已經擁有可以居住一輩子的房子，以及退休後所需的養老金。在這種財富狀況下，多的錢就可以進行投機的智力冒險活動，試著繼續增加財富，並證明自己的判斷能力，因為是多出來的錢，就算虧掉也不會影響到生活。然而，倘若財富狀況還未能達到確保生活無虞的話，就必須扎扎實實地進行投資或儲蓄，當累積到一定的水準之後，才能夠拿多餘的錢來做投機活動。

然而，科斯托蘭尼提到的：「根本沒錢的人必須投機」也並不完全正確，書中談及根本沒錢，是指錢少到連私人住宅都負擔不起或無力養老的地步，由此看出，他對於金錢多寡的定義，比一般大眾所認知的標準還要更高。

以台北、北京、上海、深圳這些一線城市的生活水平來看，至少

---

[5] 引自《一個投機者的告白》，第2章〈證券交易動物園〉。

需要 100 萬美金才足夠支應私人住宅加上下半輩子的養老金所需；即便是二、三線城市，也至少需要 50 萬美金。當然，並不是說你必須要現在手上握有超過這個數字以外還要更多的錢，才能夠去投機；而是指扣除掉未來所有的現金流量，你仍然有多餘的錢可以賠掉也無所謂。前者是存量的概念，餘生所需要的所有錢現在就都已經準備好了（而且還超過）；後者則是流量的概念，只要確保未來收支平衡有餘裕即可，否則多數人根本難以在五、六十歲之前全部準備好，那麼也就很少人能夠有資格做投機交易了。

我認為，倘若你是一個完全的新手，不妨可以用很少的資金來試試看自己在投機領域的能力好壞，從試驗當中發現自己確實有投機的天賦，那麼恭喜你，你值得繼續深入發展；但如果失敗收場，就應該選擇正規的長期投資或者儲蓄，才能夠真正累積財富。

在你決定要進入投機交易領域之前，我請你先慎重的思考：你是科斯托蘭尼定義下的有錢的人？還是錢少的人？還是根本沒錢的人？並且把相關的佐證數據一起寫下來。這將是你未來在投機領域無論成功或失敗，回頭檢視時，驗證科斯托蘭尼真知灼見的最好證據之一。我見過太多的股市交易者，在慘賠之後離開市場，當你檢視他們進入市場之初的狀態，多半就是錢少的人，是科斯托蘭尼認為不應投機的

人。這也呼應了我在本書第 1 章所說的**「無恆產者，必無恆心」**，**許多財力不夠穩固的投機者下場，其實在開始之初十之八九就可以預料最後結果**，就像華爾街百年來不斷上演的老戲，儘管演員換了許多新面孔，然而，那些失敗的角色都是一開始就找好對的人來演了。

我建議，如果你是屬於錢少的人，選擇好的公司進行長期投資，這就像近幾年在台灣相當知名的「存股」做法，而且必須選擇不會倒、長期會跟著股市一樣即便經歷過空頭，也能夠在下一次多頭再創新高的優質企業。若是根本沒錢的人，我則不建議進入股市，無論是投資或投機，都不適合。

科斯托蘭尼在《一個投機者的告白》寫下了一句真正最重要的告白❻：**「我該誠實建議每位讀者加入投資者的行列。在從事證券交易的人當中，以平均水準來看，投資者的表現最好，因為即使是投機家，也只有少數是贏家。」**❼ 事實上，他本人也說了，他自己晚年已經加入投資者的行列，在 1999 年當時他持有五百多種不同的股票，也好幾年沒有賣掉任何一種股票了。

---

❻ 作者註：台灣80萬讀者當中，或許很少人真正聽進去這一段告白；甚至有些人沒留意過他的這一句話。
❼ 引自《一個投機者的告白》，第2章〈證券交易動物園〉。

投資者：金融市場中的長跑者

科斯托蘭尼對於投資者所下的定義是：「**買股票，然後留個幾十年，當成養老金，或當成留給子女或孫子的財產。他從不看指數，對指數不感興趣，即使股價崩盤，也任由他去。他將資金長期投資於股票，一直投資下去。即使蕭條時期，也不減少股票的投資比率。」**❽這與「存股」的概念雷同，只不過，在台灣、中國與南韓股市當中，這一類的投資者比重較少，比起短線進出較為頻繁的交易者來說，是相對少數。

在 2017 年拙作《高手的養成：股市新手必須知道的三個祕密》當中，把長線投資者隱喻為森林當中的大象，包括巴菲特（Warren Buffett）、彼得・林區（Peter Lynch）以及許多知名基金經理人。他們選股標的著重於長期成長潛力，有些則是重視公司的價值，基本上不輕易出手，但一旦出手就會分批買進好幾次，並持有一年至數年，當公司成長減緩，或股價已趨高估，或景氣即將反轉向下，這時才會大量的賣出。倘若公司營運發展相當好，他們甚至可能買進之後就一直持有，從未賣出。例如巴菲特所投資的可口可樂、吉列刮鬍刀，都

---

❽ 引自《一個投機者的告白》，第2章〈證券交易動物園〉。

是從數十年前買進至今，仍持續持有。

近年來，機構法人扮演了市場上多半的投資者角色，包括政府退休基金、主權基金、保險公司、校務基金、永續的基金會等等，基於財務上的特性與需求，他們並不需要在股市當中短線進出賺取價差，而是以資產配置、長期投資的方式在不同資產類別當中獲取合理的長期報酬。相對於亞洲新興國家，美歐日等成熟國家的中長線投資者比重較高，主因在於退休金制度的成熟，使得人們普遍在工作期間提撥了較多的所得在退休金帳戶當中，透過那些具有稅賦優惠的退休金帳戶來進行投資，這些帳戶當中可選擇的投資標的又以共同基金或ETF為主，非個別公司的股票，也因此使得中長線投資成為常態。

在1999年，《一個投機者的告白》成為科斯托蘭尼手中最後一本遺作，著作當中已經指出指數基金將愈來愈受到歡迎，因為投資者往往將資金配置在績優股上，是依據本國或其他國家的指數成分股當選擇標的，或者乾脆直接買進指數型基金，而不是重壓在某些特殊的未來行業上。他認為：**「投資者，不管他何時進入證券市場，從長期來看，都屬於贏家，至少過去一直如此，因為從股票總體情況來看，崩盤之後，總會不斷達到新高紀錄。」**[9] 這些觀點，在經過二十年之

---

[9] 引自《一個投機者的告白》，第2章〈證券交易動物園〉。

後，ETF 以及指數化投資工具大行其道的今天，怎不令人讚歎其真知灼見！

證券玩家：金融市場中的賭徒

科斯托蘭尼對於證券玩家的評價相對較低，他說：「**他們不配冠上投機家的稱號，雖然一般大眾和新聞記者都以此稱呼他們。證券玩家連最小的指數波動都企圖利用。……他是賭徒，沒有任何思索分析，沒有任何戰略，舉止就像玩輪盤的人，從一張賭桌跑到另一張賭桌。**」[10] 他認為這樣的人肯定永不會消失，而且多半是看著圖表技術分析做短線操作、甚至當沖交易的人。

在台灣股市當中，存在著為數不少的散戶投資人，他們每天都會看盤，而且幾乎每天都會進行交易，其中有些是當沖投機客，尤其在台灣政府 2017 年開始推行「當沖交易稅減半」，誘導了更多的短線交易者加入了當沖的行列，這些人的交易頻率和交易量明顯放大，確實促進台灣股市的總成交量有些微的增長，不過通常幾年下來，他們

---

[10] 引自《一個投機者的告白》，第2章〈證券交易動物園〉。

會發現當沖雖然刺激，長期卻無法累積財富，主因在於散戶的交易成本太高（儘管當沖交易稅減半，但是券商賺走的交易手續費並沒有減半；多次交易的結果累積下來，將對本金有大量侵蝕的後果）。在我看來，當沖交易只不過是讓自己「心臟維持跳動」的一種高消費娛樂，其效果比高空彈跳差一些，但花費卻比高空彈跳貴上好多倍。

我把這一類的證券玩家們比喻為金融叢林當中的「普通螞蟻」。他們是為數最多、也最勤勞的一群，因為他們非常忙碌，但無法累積大財富，多半是年輕的散戶們，他們懷抱著賺大錢的理想進入股市，每天的開盤都令他們滿心期待；但也有不少是已經五、六十歲的老玩家，由於無法賺到能夠毅然決然離開股市去享受人生的財富，因此每天準時看盤，心思很難離開盤面，被股市給綁架了，付出的贖金就是他們原本該自由自在的時間，只是贖金付了人卻沒回來。

在科技逐漸進步之後，一部分證券玩家們會被有紀律投資的程式交易者所取代，雖然有些好的投資機會，因為缺乏好的心理素質與紀律而讓他們與獲利失之交臂，也就是「該賺而未賺」的狀況，久而久之，一些年輕、而且對電腦輔助交易的接受度高的人會嘗試使用程式交易，以更有紀律地執行。然而，比起整體市場上證券玩家們的總數而言，程式交易者的人數終究是少數，這不是績效好壞能夠合理解釋

的，而是人們喜歡靠自己下注的感覺，要賠，也要賠在自己手裡。人們的賭性堅強，促進了股市的成交量，而賭徒永遠不死（只是換人當），這是股票市場永遠會有基本成交量的根本原因之一。

投機家：有遠見的戰略家

科斯托蘭尼對於投機家的定義，除了在本書第 1 章所提到的四個要素（有金錢、有想法、有耐心，以及運氣）之外，他強調：**「不同於投資者，投機家對各種新聞都感興趣，但這並不表示，他會像證券玩家那樣，對任何新聞都有反應。……投機者有想法，不管正不正確，畢竟是個想法。這是投機家和證券玩家的基本差異。」** [11]

我將投機家比喻為金融叢林當中的獅子，包括科斯托蘭尼、或金融巨鱷索羅斯（George Soros），還有大多數的避險基金經理人，以及國內外金融機構當中負責公司自有資金投資的操盤手，都屬於這類型的交易者。在台灣，包括主力大戶，以及某部分上市櫃公司的大股東或經營管理階層也熱中於股市進出交易者，由於他們在產業內的人

---

[11] 引自《一個投機者的告白》，第2章〈證券交易動物園〉。

脈廣而且資訊充足，也可能成為股票投機家，這些人不僅僅投資於自己本業的公司，也投資於其他行業當中他們認為有大幅度獲利機會的公司。

投機家們的嗅覺相當靈敏，會善用他們廣泛的訊息來源（不代表是內線消息，而通常是產業的訊息中樞或者彭博資訊系統、路透等等即時行情與資訊平台），持續觀察市場上的資金流動狀況，重大國際財經事件，以及投資人樂觀或悲觀的氣氛。若他們嗅出了有利可圖的機會，通常會靜靜地在場外觀察，找尋最佳時機跳入市場中狠賺一筆，至於投機所持有的時間可長可短，有時候咬住不放，甚至可以長達數個月之久。

投機家們與證券玩家們同樣都關注市場所發生的事情，只是投機家們並不會為微小的事情做出反應，他們在進場之前都會綜觀全局而設定好了一個基本的假設，以及按照他們經驗所推演出來的預測，除非發生某些事件所造成的影響深遠，以至於動搖了原先的假設基礎，才會重新規畫，並且產生新的推論以及預測。投機家們相對於證券玩家們來說，較注重中長期總體面的趨勢，就像是海洋裡的潮汐，以及會影響潮汐的重大因素；有些操作相對較靈活的投機家們也會留意較大層級的波浪，但是無論是哪一種的投機家，都不會花時間在關注漣

漪，因為毫無規律的隨機波動無論對於追求高獲利或者穩定的獲利來說無絲毫助益。

科斯托蘭尼說：「**有遠見的投機家密切注意各種基本因素，如金融和貸款政策、利率、經濟擴充、國際局勢、貿易收支、經營報告等，不會受到次要的日常新聞影響。他制定周密的計畫和策略，根據每天發生的事件進行調整。**」⑫ 以上這些因素通常不會在短時間內改變，往往至少要花上一個月、甚至數個月，才能夠觀察到有明顯的轉變，也因此，科斯托蘭尼認為偉大的投機家是有遠見的戰略家，顯然他以此為自許，我認為這樣的投機家就像是古代能夠綜觀全局，並且永遠以大局為重的軍師，他們運籌帷幄，決勝於千里之外。

當今的交易者們普遍致力於追逐短期績效遠勝於對長期績效所付出的心思，贏了短線，卻輸了長線，這樣的交易者在科斯托蘭尼眼中多半算是證券玩家，而當中比較好的也只能以投機者稱呼，但不是投機家。

投機家與證券玩家的另一個最大差別，在於投機家認真地檢討每

---

⑫ 引自《一個投機者的告白》，第2章〈證券交易動物園〉。

一筆交易的成敗，並且從自己的錯誤當中檢討、改進，因此強化自己的判斷能力以及操作的穩定性，進而提升了未來的績效；證券玩家們則過度欣喜於自己賺錢的交易上、而避開失敗交易所帶來不好的情緒反應，從沒有花心思在這些失敗的交易當中尋找出自我改善的機會。科斯托蘭尼說：「**每次交易上的虧損，同時也是經驗上的獲利。只有仔細分析失敗，才能從中獲利。況且，虧損嚴重的投機活動要比獲利的投機活動，更值得分析，這是本質的問題。大家在證券交易市場獲利時，會覺得自己受到認可，感覺飄在雲端，於是體會不到自己還須繼續學習。只有慘敗才會讓人回到現實，這時就必須診斷出錯誤所在。」❸**

---

❸ 引自《一個投機者的告白》，第2章〈證券交易動物園〉。

——第 3 章——

憑什麼投機

股票、債券、外匯、原物料、藝術品、房地產……

和其他投機物件相比，股票的優勢在其長期上漲的趨勢……總體、長期來看，股票是一直向上走的，且結果比其他任何一種投資方式都好。投資者撥出部分財產，購買大型且穩固的公司股票，就會得到最好的機會。如果事情沒照預期發展，也只須耐心等待，直到行情重新看漲。

　　　　　　　　　──科斯托蘭尼，《一個投機者的告白》，
　　　　　　　　　　　　　　　　　第 3 章〈憑什麼投機〉

投機家的世界比你想的更廣大

　　儘管目前絕大多數的投資或投機相關書籍，多是以股票市場為背景來撰寫，然而投機家的世界往往不會只限於股票市場，他們也常投資債券、外匯、原物料、藝術品、房地產等等其他更廣義的市場。**科斯托蘭尼自稱，在他長達八十年的投機生涯當中，有大量的獲利來自債券市場**，他也活躍於外匯和原物料市場，並曾在有形資產（藝術品、收藏品、珠寶）交易中累積經驗。

　　在《一個投機者的告白》原著的第 3 章，科斯托蘭尼對多種不同市場的參與者進行分析，並進行跨市場的性質比較，當中穿插了許多他親身經歷過的市場興衰史，以及他個人所參與交易的有趣故事。這些歷史故事將有助於你對於這些不同市場生態的了解，同時也藉此更熟悉科斯托蘭尼這位傳奇人物的內心想法。

　　由於在過去 20 年之間，許多市場發生了重大的改變，以至於市場結構以及交易者已經與科斯托蘭尼所活躍的時代有所不同。因此，我以當今的市場生態來重新描繪股市、債券、外匯、原物料、藝術品及收藏品、房地產等六大市場的現況，並且比較不同交易者在這些市場內的參與狀況，來幫助想涉獵這些陌生市場的投機新手們了解。儘

管過去 20 年來有些市場的生態已經大有不同，然而當今股市仍是六大市場當中一般人勝算較高的市場，這是沒有改變的。

債券：股票最主要的競爭者

對於上市櫃公司在資本市場上籌資而言，主要不外乎靠發行股票或發行債券來取得所需的資本，因此，你只要知道大多數的上市櫃公司在財務上會有股有債，那麼就不難理解，為何債券會是股票的主要競爭者。

然而，公司債只是整體債券市場當中的一部分，政府債則是另一大宗，如果將公司債與政府債合起來，幾乎就構成了整體債券市場最主要的成分，雖然這兩種類債券的本質相同（多半都有定期配息、到期還本的特性），然而表現在價格走勢卻大不相同，因此，我們有必要把這兩種截然不同的債券分開來看。

成熟國家政府公債，一直是高信用評等、高流動性、高穩定性的代表，不僅它們在整個債券市場當中的地位是如此，甚至在廣大的整體金融市場當中的角色也是如此；過去是如此，現在也是如此。最常

被用來做為成熟國家公債代表的是 G7 國家❶ 所發行的公債，因為這些國家形成一個聯盟，定期聚會，握有國際上最主要的話語權，即便這七個國家不完全等於（但已經接近）全世界最大的七個已開發國家，債信評等也幾乎是最高的。

只要這些國家沒有倒債的疑慮，基本上你投資於這些國家所發行的公債，到期就會拿回本金，而期間定期會收到利息，這麼穩的投資，理所當然地成為了全世界機構法人最主要的投資工具之一。因此，成熟國家公債的主要買家，就是全世界各國政府、各國的退休基金、主權財富基金、大型保險公司、校務基金或基金會，以及其他大型的金融機構等等。

既然買家這麼多，而且都是長期投資者，很少會因為短期需要資金而賤價賣出，這也使得這類債券的價格不會便宜，我們可以說它們幾乎大多數時間都是貴的，也就是隱含報酬率是相對低的。債券的報價方式與股票截然不同，但用「殖利率」（yield to maturity）來顯示出你現在買進持有直到最後到期為止，期間所能產生的平均回報率，這樣更直覺、更能夠簡單地做跨標的彼此間的比較，也因此，殖利率

---

❶ 七大工業國，包括美國、加拿大、英國、德國、法國、義大利及日本。

成為了債券市場最主要的報價方式。

在 2008 年金融海嘯之後，美歐日政府先後祭出了量化寬鬆（Quantitative Easing，簡稱 QE）以及零利率、甚至負利率政策，大量印鈔票，但並不是直接把鈔票送給民眾，而主要是透過在金融市場上買進成熟國家公債，來壓低市場上的利率水準，進而降低企業籌資成本以及債務負擔、刺激經濟。儘管美國已經在 2015 年 12 月開始啟動了升息循環，截至 2018 年 7 月底，已經升息了 7 次，讓美國的基準利率來到 2%，然而美國 10 年期公債的殖利率卻仍然僅停留在 3% 左右的水準。歐洲、日本則仍在負利率政策當中，因此德國的 10 年期公債殖利率僅有 0.4% 左右，而日本更低，僅有 0.1% 左右。

相較於相對安全的成熟國家政府公債，**新興市場政府債則信用評等較低、流動性和價格穩定性也較低，使得必須要以較高的殖利率來做為補償**（風險貼水）人們才會願意買進並且持有它們，因此，目前全球新興市場政府債的殖利率平均水準大約在 5% 至 7% 之間。然而，新興市場國家眾多，差異甚大，事實上有些國家是遠低於平均值，有些則是超出平均值好幾倍以上，因此在投資新興市場債的同時，一定要先注意信用評等，一般民眾很少會直接買進單一支的特定國家政府債，而是透過新興市場債券基金或 ETF 的方式去進行，那

麼就必要審閱該基金或 ETF 的平均信評。總之,高風險高報酬,是市場上不變的道理。

若是財政體質較差的國家,發行債券的殖利率可能要高達 7% 以上甚至更高,才能夠吸引買家願意投資,因此,信評機構扮演了很重要的評鑑角色。目前全世界有三大信評公司:標準普爾(Standard & Poor's)、穆迪(Moody's)、惠譽(Fitch),他們所採用的信評標示方式略有不同,但是大致上都是以 BBB-(含以上)的等級視為投資等級(Investment Grade),低於這個水準的就稱為高收益(High Yield)。

在科斯托蘭尼活躍的年代,新興市場政府債仍屬高風險的債券類別之一,因此,他靠投機俄國沙皇時代的舊債券而獲取他人生中最主要的財富。即便在 1998 年有俄羅斯公債違約,以及 2004 年阿根廷債務違約(債務重組,視為技術性違約),然而最近 10 年來已經鮮少有新興國家的債券落入違約狀態,這也使得新興市場政府債逐漸擺脫了過去高風險的印象,事實上,**目前已經有超過六成以上的新興市場國家債信評級為投資等級。**

除了由國家所發行的政府債券之外,**公司所發行的公司債則是整**

體債券市場上的另一大宗，在國際上，許多有上市掛牌交易的公司也都有能力發行公司債，尤其在低利率環境下，公司透過發行債券的方式來籌資，信評較高的公司或許只需要負擔一年 3% 的資金成本，比起透過發行股票來籌資，是相當有利的。因為假設一家公司的股本為 10 億元，而某一年賺了 10 億元，剛好賺一個股本，若股本當中有 5 億元是股權、另外 5 億元是債權，那麼無論公司賺多少，都僅需要付出 5 億元的 3%、也就是 1,500 萬元給所有債券投資人，剩下還有 9 億 8,500 萬元的利潤都歸於出資 5 億元的股東們享有。當然，若景氣不好，公司沒賺錢，不需要分配任何利潤給股東，但是那 1,500 萬元的利息可是要從股東們口袋裡拿出來付給債券持有人。通常「有一好沒兩好」是投資世界的基本原則，總是要在風險和報酬之間做一個取捨。

前面提到的國際信評公司除了給予國家主權信用評等之外，也針對公司債進行評等；然而，你必須了解這些信評攸關國家或公司的籌資成本、甚至對外形象，事關重大，因此信評公司做任何的調整必須有憑有據，例如需要依據公司最新的財報來觀察，這也使得信評的調整往往會落後於真實體質的改變。就像檢視最新一期的財報，也無法解釋眼前的股價下跌，信評高低也無法解釋為何債券價格會下跌，是相同的道理。世界永遠在變，你只能從過去的軌跡來了解它們的基本

面長期趨勢，但無法準確預測它下一步會不會出乎你預料而走樣。在2015 年美國的劇情片《大賣空》❷當中，諷刺了信評公司對於信用狀況惡化的後知後覺，然而，我認為並不能因為不具備預警作用，就不關心公司的體質發展。

為何債券會成為股票的主要競爭者，除了從一家公司的財務結構來看：主要構成公司資本的來源不是股票就是債券，因此它們自然存在相互取代關係；我們也可以買家的角度來看，由於能夠長期持有並且孳生利息的資產類別，不外乎以股票（會產生股息配發給股東）、債券（多半的債券都會配發利息給持有者）、存款（包括自己國家的貨幣或者其他國家的外幣存款，幾乎都會有利息）、以及不動產（收取租金收入），其中**股票和債券通常是在相同的交易平台，而且投資方式最為接近的兩種金融投資工具。**

股票的趨勢與景氣循環正相關，而且通常股市領先景氣大約半年左右的時間；成熟國家的政府公債由於和利率循環有高度的反向關

---

❷《大賣空》（ *The Big Short*，中國大陸譯《大空頭》，香港譯《沽注一擲》），主要就是描述2007年至2008年期間美國次貸危機引發全球金融風暴的歷程。該影片獲得第88屆奧斯卡金像獎最佳影片及最佳導演等五個獎項的提名，最後贏得最佳改編劇本獎。

係，倘若景氣熱絡、央行升息，那麼公債價格也就易跌難漲，因此**股票與公債的表現往往是呈現出負相關的特性**。在資產配置上，低度相關性、甚至負相關，較能夠發揮分散風險、降低整體投資波動度的效果，這也使得尋求穩健報酬的機構法人，普遍在投資組合當中都會同時持有股票和債券，如果看好景氣發展而想要加碼股票，那麼就靠減碼債券所騰出的資金來多買一些股票，反之亦然。

然而，與景氣循環負相關的成熟國家政府公債價格才會有上述的特性，如果是信用評等較差的高收益公司債，由於這些公司的營運狀況以及償債能力高度受到景氣影響，倘若景氣好，這些高收益公司肯定較能賺到更多的錢來償還債務，因此逢景氣好轉，信評被調升、公司債價格上漲是常態。也因此，高收益公司債的表現與股市是正相關，兩者都與景氣正相關，在資產配置上的角度來看，較缺乏分散風險的效果，倘若未來景氣衰退，大多數公司的營運展望轉差，那麼股票價格下挫，往往高收益公司債的價格也是下跌的。我會說，**高收益公司債只是長得像債券的股票罷了（在到期還本的特性上像是債券，然而價格走勢卻與股票相近）**。

外匯：國際炒家們的天堂

外匯市場既深且廣，而且只要是能夠跨國結算的貨幣，流動性都非常好，遠遠超過了一國的債券市場以及股票市場，這也是為什麼國際炒家們最喜歡以外匯市場做為主要的戰場，因為它能夠在短時間內完成大額的交易，而且一有需要便能即時變現，卻不會有涉及內線交易的問題。

科斯托蘭尼在《一個投機者的告白》第 3 章中，認為以前的外匯市場更有趣得多，主因在於二十世紀的上半葉經歷了第一次世界大戰、第二次世界大戰，而歐洲在兩次世界大戰當中都是主戰場，這也使得德國、法國、奧地利、匈牙利、義大利、荷蘭等等國家的貨幣之間常常有極大幅度的波動，甚至是倍數的報酬。然而，在二次大戰後國際局勢趨於平穩，而美歐日等國的跨國經濟與軍事聯盟逐漸成形，也使得這些大國之間的貨幣少了劇烈摩擦的機會。

比起科斯托蘭尼在世的 1999 年之前，現在外匯市場又更無趣得多了，如果他活到現在，應該會說自己少了一個遊樂場。主因在於 1999 年 1 月 1 日歐元問世，取代了過去包括德國馬克、法國法郎在內的歐元區十多個國家的貨幣，成為全世界第二大的流通貨幣，僅次

於美元。這也意味著，科斯托蘭尼活躍時代的主要外匯投機者炒作的天堂：歐洲，幾乎等同遊樂場關門了，即便還剩下零星幾個遊樂設施還能投幣（歐洲仍有少數國家沒有採用歐元，例如瑞士和北歐諸國，然而這些貨幣和歐元之間的匯率波動極為狹小），但是他不會再想要買門票進去那個無聊的地方。

儘管當今的外匯市場波動已經大不如一個世紀之前，然而，無論是二十世紀初、或者二十年前、或者現在，沒有太大改變的是，它仍為大玩家的遊戲場。科斯托蘭尼在《一個投機者的告白》中寫道：**「若要進行重要貨幣的投機，就是與幾萬名大大小小的賭徒和投機人士競爭。世界上每個人都可以同時得到相關訊息，如果某個統計數字比預期好，大家便朝那個方向跑；如果比預期差，大家又跑往相反方向。」❸**

這也意味著，散戶投資人在外匯市場當中並沒有什麼特別的優勢，反而因為資訊落後、或者財力不夠雄厚，可能會在這些大玩家的對弈之間成為犧牲者。如果純粹只是以換匯的方式賺取匯差，或許損失不大，然而若是採用外匯保證金交易的方式，在高槓桿倍數下，很

❸ 引自《一個投機者的告白》，第3章〈憑什麼投機？〉。

容易斷頭出場。因為任何一個匯率都很容易出現與原本趨勢反方向的大幅度擺盪，而這些擺盪的形成原因可能來自於部分機構法人集體往某一邊重壓所造成，通常是由美、歐、日央行官員任何一句話所引發，而儘管這個匯率在大幅度擺盪之後，回到了原本屬於它的趨勢，然而散戶投資人往往無法撐過那一次的擺盪，就被迫斷頭出局了。

外匯市場有一個重要的指標，是「美元指數」（U.S. Dollar Index，簡稱 DXY）。根據維基百科的定義，它是衡量美元在國際外匯市場匯率變化的一項綜合指標，由美元對六個主要國際貨幣（歐元、日圓、英鎊、加拿大元、瑞典克朗和瑞士法郎）的匯率經過加權幾何平均數計算獲得。在 1973 年 3 月布雷頓森林體系解體後，美元指數開始被選作參照點，基準為 100.0000。而其組成的六個成分貨幣權重如〔圖 3-1〕所示。

必須留意，**DXY 指數僅是美元對於上述六個國家外匯的一個參考指標，裡面並不含有任何新興市場貨幣**，因此，這個指標的漲跌未必會反映在美元對新興市場貨幣的升貶值。除了日圓之外，亞洲的貨幣顯然並沒有任何一個其他貨幣被納入 DXY 指數當中，這也代表著，倘若 DXY 指數上升，與亞洲貨幣是否升值或貶值並沒有直接的關聯。事實上，以歐系貨幣（歐元、英鎊、瑞典克朗、瑞士法郎）占

了 DXY 指數高達 77.3% 的權重，相較上，歐系貨幣的漲跌幾乎決定了 DXY 指數的漲跌，而與亞洲的貨幣相對低相關。這也可以說明，在幾次亞洲景氣繁榮的階段，即便 DXY 指數上漲，亞洲許多國家的貨幣兌美元卻依舊升值，而非貶值。

例如新台幣，有時候你會發現 DXY 美元指數在上漲，然而新台幣兌美元也在上漲的情形，儘管較為少見，然而這代表新台幣有特別的正面因素刺激了它短期表現強過了 DXY 美元指數。這也提醒了，DXY 美元指數上漲，並不代表美元對新台幣走強，台灣投資人必須分清楚「美元指數」和「美元匯率」之間的不同，如此在閱讀跨國投

圖 3-1 組成 DXY 美元指數的六個成分貨幣權重

貨幣	符號	比重
歐元	EUR	57.6%
日圓	JPY	13.6%
英鎊	GBP	11.9%
加元	CAD	9.1%
瑞典克朗	SEK	4.2%
瑞士法郎	CHF	3.6%

資料來源：維基百科（2018 年 7 月 31 日）

資的報告或者和金融從業人員討論行情的時候，才不致混淆。

原物料：投機家對投機家

原物料是一個種類繁多、而且不同品種的特性大異其趣的市場，我們可以透過兩個市場上最具代表性的指數來了解它們：CRB 指數（Commodity Research Bureau Futures Price Index，簡稱 CRB），以及高盛商品指數（Goldman Sachs Commodity Index，簡稱 GSCI）。

CRB 指數是由美國商品研究局彙編的商品期貨價格指數，於 1957 年正式推出，涵蓋了能源、金屬、農產品、畜產品和軟性商品等期貨合約，為國際商品價格波動的重要參考指標之一，也是歷史最為悠久的一種商品相關指數。CRB 指數成立之初以農產品的權重較大，然而隨著時間經過，產業結構改變，交易市場的活動也明顯出現了轉向，為了能夠更正確地反映整體商品價格的趨勢，CRB 指數歷經多次的調整，其中對於能源相關的權重持續在提高。

截至 2018 年 7 月底為止，CRB 指數由 19 種原物料商品所組成，詳見〔圖 3-2〕CRB 指數的組成商品與權重，這些權重的最後

圖 3-2　CRB 指數的組成商品與權重

類別	商品別	權重（％）
能源類	WTI 西德州原油	23
	天然氣	6
	熱燃油	5
	無鉛汽油	5
軟性商品	棉花	5
	可可	5
	咖啡	5
	糖	5
	柳橙汁	1
貴金屬與工業金屬	黃金	6
	鋁	6
	銅	6
	鎳	1
	白銀	1
穀物	黃豆	6
	玉米	6
	小麥	1
畜牧	活牛	6
	瘦豬肉	1

資料來源：Jefferies Financial Products（2018 年 7 月 31 日）

一次調整是在 2005 年，路透集團與 Jefferies Group 旗下的 Jefferies Financial Products 進行合作，第 10 次調整 CRB 指數，並更名為 RJ/CRB 指數，至今權重並未再進行調整。

標準普爾高盛商品指數（S&P Goldman Sachs Commodity Index，簡稱 S&P GSCI）一開始係由高盛公司於 1991 年所創立，2007 年 2 月份，標準普爾公司從高盛公司手中購買了該指數，所以被重新命名為標準普爾高盛商品指數。該指數當中的每一種商品所占權重是由最近 5 年該商品產量的平均價值所決定，每年度調整，並於隔年 1 月份實施。該指數的主要構成為能源產品 79.04%，農產品 9.16%，基本金屬 5.82%，貴金屬 1.61%，因此顯然相較於 CRB 更偏重了能源類的比重。

無論是 CRB 指數或是標準普爾高盛商品指數，它們的成分以及價格都是以期貨合約為準，事實上，整個原物料相關的交易市場，普遍都是以期貨做為交易的工具，也就是以保證金來進行結算，具有高度槓桿的特性。**一般的散戶投資人在這個市場當中幾乎毫無勝算，在科斯托蘭尼長達八十年的證券交易生涯中，他曾經集中全力從事原料投機，但最終卻是以沒賺沒賠的狀態離場，因此，他並不建議散戶在這個市場當中碰運氣**，他認為只適合熟悉風險、承擔得起損失、有經

驗的投機家，尤其是基於職業因素，和原料生產有關的人，因為之後他們可以把這些原料用在自己的企業中，一般人則沒有這樣的條件。

有形資產：無法孳息的資產

包括了藝術品、收藏品等等，例如名畫、古董家具、瓷器、郵票、紀念幣、珠寶，它們本身並不會孳生利息，不像股票會有股息分配、債券會有票息收益、不動產會有租金收益，藝術品和收藏品顯然不會有這些利益；也因此，買家們唯一冀望價格的變動來獲取利潤，而付出的成本就是買價、以及花時間等待價格上漲期間的機會成本。

由於這些有形資產高度受到人們的審美觀與主觀判定價值的影響，價格並不穩定，而且流動性極差，因為較少集中交易的市場（除非是非常高珍藏價值的物件，才能夠上得了蘇富比、佳士得等國際級拍賣業者的平台做交易），因此你必須要自己去尋找買家，而往往需要等上很長一段時間才能夠順利脫手，有時候，流動性甚至比房地產還差。

科斯托蘭尼說：「**萬不得已時，才可投機有形資產，然後還必須**

辨別行情何時開始上升進場，從中獲利，隨後再馬上退出。只有這樣，才能利用有形資產賺錢。遺憾的是，幾乎沒人可以準確預測價格變化。所以，**關鍵始終是時機問題。**」❹ 你必須了解，儘管投資人很希望透過好的買賣時機來賺取利潤，然而市場數百年來已經不斷證明，財力不夠雄厚的散戶往往總是買在相對高價、而賣在更低的價錢，或者總是在缺錢的時候賤賣了資產。擇時，就是散戶最脆弱的一環。

　　前文提到原物料市場當中，不同品項的差異性極大，而藝術品及收藏品相關市場的差異性又更大，幾乎每一種類都隔行如隔山，如果不是專門領域的收藏家或鑑定家，一般人幾乎少有鑑價的能力，而是憑喜好來認定它們的價值。更嚴重的資訊不對稱存在於藝術品市場內，因為「稀有性」：每一件品項都是獨一無二的作品，顯然與原物料期貨市場內所有合約都具有統一規格的狀況完全相反。

　　儘管如此，為何這個市場依舊持續存在，而且數百年來不衰？**通常這類物件會隨著時間增值，來自於兩個主要因素：通膨，以及歷史文化意義。**長期而言，通膨幾乎無所不在，即便景氣會有衰退期間，

---

❹ 引自《一個投機者的告白》，第3章〈憑什麼投機？〉。

然而整體物價的衰退卻不明顯（物價有僵固性），這也使得下一波景氣循環重新擴張之後，只要全球財富的總水準向上攀高，那麼藝術品的價格自然就會水漲船高。歷史文化意義是大多數稀有性藝術品具有的基本特性，經過長時間的演變，人們的審美觀或許會改變，然而歷史文化意義卻隨時間在累加。這也解釋了為什麼某些藝術品並不具有實用性，而且在多數人眼中也並不算美觀，然而價格卻能夠隨著時間持續攀高。

　　藝術品及收藏品的合理價格，通常是專業收藏家與鑑定家才比較能夠相對客觀地評估，然而一般的投機者們並不具備這種身分，而收藏家們因為喜歡上產品而收藏，這注定了價格投機上的失敗，因為**投機家獲利的根本原則在於專注價格差異的機會，因此只有好的價格和不好的價格，不能愛上你所投機的物件本身，那是致命傷**。投機家不適合收藏，而收藏家不適合投機，使得這個市場的交易自然而然無法像其他的市場那麼活絡，也因此，唯有財力非常雄厚的買家，才同時具備收藏家與投機家的雙重身分，成為主宰這個市場的主要力量。

　　儘管藝術品投資困難重重，這個市場仍有新的機會存在，過去，藝術投資明顯集中在歐美已開發國家，然而近幾年來，中國、印度等亞洲國家經濟快速成長，來自這些國家創業成功的高資產人士已成為

荷包充實的大買家，在近 10 年來的國際拍賣會現場屢屢出手闊綽，只要付得起，他們就會出手買下，這是在科斯托蘭尼寫下《一個投機者的告白》的 1999 年所未見的盛況。

房地產：大投機家的事

房地產領域的兩大主流，包括了住宅投資、以及商用不動產投資，另外還有透過其他金融商品來間接投資於房地產的投資工具，例如房地產基金、不動產投資信託（Real Estate Investment Trusts，簡稱 REITs）、不動產抵押貸款證券（Mortgage-Backed Securities，簡稱 MBS）、住宅地產抵押貸款證券（Residential Mortgage-Backed Securities，簡稱 RMBS）等等。

由於房地產的流動性較低、變現不易，因此直接投資於房地產的本金需要夠雄厚，否則一筆投資套牢，就會造成資金轉不動，也因此，在房地產市場的投機家們普遍會盡可能透過向銀行貸款（房貸）的方式來將資金做更有效的運用與分散風險。例如假設有一千萬元的本金，投機家們不會用這一千萬元去買進一間房子，而是買進幾間不同的房子加起來總值約五千萬元，用一千萬元做為自備款，而另外四

千萬元（80%）則是透過銀行的貸款，也因此，會有槓桿效果。在銀行貸款占 80% 的狀況下，槓桿就是五倍，如果房價上漲 10%，他的獲利不會是 10% 而是 50%；當房價下跌時，損失也將是房價跌幅的五倍。

也由於在房地產市場投機往往需要與銀行往來以取得資金，個人的財務狀況以及過去的信用紀錄就變得很重要，如果你沒有足夠高的月收入證明或其他財力證明做為擔保，銀行並不會願意借給你錢；反過來說，只要你的財力雄厚，儘管你很有錢，銀行更願意借錢給你去投資。**這也是為什麼科斯托蘭尼認為房地產市場是大投機家的事，因為這不單單只是投資能力的問題，也包含有個人在社會中的地位問題**，如此對價關係的生態，自然而然會讓富者愈富。在台灣，富有的階級普遍以房地產做為主要投資或投機的戰場，或者財富保值的主要工具，甚至大過了他們在股市所做的投資。

房地產與有形資產一樣，具有獨特性，也就是說任何一間房子都是獨一無二的，如果某間房子已經被一個人所買下持有了，其他人就無法持有。因為這個特性，使得價格多少會因為買賣家們的主觀認定而出現差距，這也是有利可圖的地方。對於財力雄厚、有足夠時間可以等待的投機家來說，想買到便宜的物件，總是不乏遇到有賣家需要

變現而急於脫手的機會（因為移民、家庭變故、或者跑路），尤其是**法拍屋市場，是房市投機家們的主戰場。**

　　預售屋則是投機家們的第二大戰場，因為通常一個預售的新推案要兩年到三年之後房子才會完工，因此建商是以樣品屋、模型或影片等方式來呈現新房屋的樣貌，購屋者再進而選購、等待建造後並入住。由於建商的樣品或模型與實際最後建好的房子可能會略有些微差異，包括周遭的生活環境也可能略有改變（例如附近又要蓋更高的樓房，可能擋住視線或採光），使得買賣雙方存在資訊不對稱情形，比其他已經存在的成屋大許多。**愈是資訊不對稱的市場，就存在愈多投機家的活動，儘管房市投機家向建商買進預售屋時，房子還沒蓋好（甚至還沒動工），然而，在房子蓋好之前，投機家們可能已經用更高的價錢把房子轉手賣給其他人了。**

　　一般人們最熟悉的是二手房的市場（民眾將原本居住的房子求售），也是房地產市場上的最大宗，然而相較於預售屋或者新成屋是建商做為賣方，二手房則是一般民眾賣給其他民眾，這兩者最大的差別在於，建商蓋房子的成本可能只有售價的一半，因此，按照售價打七折賣出都有利可圖；然而二手房在一般民眾買入時已經是市價，當房價走低時，他們不願意認賠賣出，就會導致難以成交的情形，尤其

在房市下滑時，新建案仍有流動性，然而二手房卻缺乏流動性（建商願意降價求售，但一般民眾卻不願意降價求售），這也是房地產市場的投機家們對於二手房較不感興趣的主因。

在台灣，過去「有土斯有財」的傳統觀念在新一代年輕人心中已經逐漸淡化，因此現代年輕人未必會將買房自住視為人生必要，反而可以接受長期租屋，這對房市的老投機家們來說，是個不利的因素（因為新投入市場的買家們不像過去那麼多了），好在台灣股市的波動仍然遠大於房地產市場，使得房地產依然是富有者們保存資產的主要選擇，因為個股可能一天重挫 10%，然而房地產可能一年僅下跌 10%；個股可能跌到下市變成廢紙，但是房子甚至可以放著 50 年都能居住使用。

股票：散戶們相對還能玩的市場

綜觀前述的五大類資產，幾乎沒有哪一個市場適合資金薄弱的散戶在其中活動，相較而言，股票市場至今仍是散戶投機者們最廣大而且多元的遊樂場，在科斯托蘭尼活躍的時代是如此，現在也是如此，即便在未來，我也相信是如此。

全世界有上百個交易所交易著數以萬計的上市櫃公司股票，現在不僅台灣的上櫃公司多達一千六百多家，而上海和深圳證交所交易的股票則多達三千多家，每天的變動幅度大而且允許小額交易（即便僅有一萬元也可以有很多交易的選擇），這是大小投機者們一致喜歡的市場。

科斯托蘭尼說：「**和其他投機物件相比，股票的優勢在其長期上漲的趨勢，當然這並不適用於每家公司，因為有些公司垮掉了。總體、長期來看，股票是一直向上走的，且結果比其他任何一種投資方式都好。投資者撥出部分財產，購買大型且穩固的公司股票，就會得到最好的機會。如果事情沒照預期發展，也只須耐心等待，直到行情重新看漲。**」❺ 他道盡了散戶投機者們在這個市場上的優勢，因為就算看錯了方向，只要抱得夠久，一國的股價指數通常會在下一次景氣循環復甦之後再持續上漲，也就是說，傻子也能夠賺到錢，這是在另外五大類資產的市場無可比擬的優勢。而且，股票市場當中的傻子遠比其他市場還要多得許多，這也提供了投機家們豐沛的獲利來源。

儘管對於選錯個股而慘賠的散戶故事在過去數十年期間不斷上

---

❺ 引自《一個投機者的告白》，第3章〈憑什麼投機？〉。

演著，然而大多數國家的股價指數都已經在 2018 年創下了歷史新高（台灣加權股價指數若將配息還原後，也頻頻刷新歷史新高），這也孕育指數化投資，包括指數型基金、ETF 在最近二十年快速崛起、大行其道的主要原因之一。然而，科斯托蘭尼的智慧，在 1999 年所留下一段的話語當中，早已經說明了這些指數化投資的優勢所在。

第4章

行情等於資金加心理

分析股市行情趨勢的經典公式

行情趨勢要看賣方賣股票的情況，是否比買方買股票急迫。如果股票持有者迫於心理或物質上的壓力，被迫出售股票，而資金所有者雖然想買，卻無購買壓力，行情就會下跌。

　　反之，如果資金所有者迫切尋找股票，而股票持有者並沒有物質或心理上的壓力，要出售股票，行情就會上漲。

——科斯托蘭尼，《一個投機者的告白》，
第 5 章〈指數有什麼道理〉

科斯托蘭尼對於股市的行情趨勢給了一個極為經典的解析公式：**「行情發展趨勢＝貨幣＋心理」**，具體地描繪了每一次行情的起點，是由貨幣供給的增加揭開序幕，即便當時景氣未見轉好，人們心理仍舊悲觀，然而往往一年之內，市場就會因為游資充沛而流向股票市場追逐獲利，而開始變得樂觀。相反的，當貨幣供給開始緊縮，那麼即便景氣仍蓬勃發展，人們心理依舊樂觀，然而通常也不會超過一、兩年，股市就會反轉向下。

看似簡單明瞭的公式，多數人在實務上卻不知該如何運用，百思不解該用什麼指標來定義貨幣，又用什麼指標來衡量心理？我提供一個極具參考性的解答：「貨幣」泛指全球主要央行的貨幣供給總額且為市場流通使用，而「心理」顯現在股價指數與自身均線間的乖離率；**「貨幣」主導了行情的中長期趨勢，而「心理」則是牽動行情短期波動的主因。**

這樣的區分，將有助於更清楚地理解，造成每隔八年至十年多頭循環一次的主要力量是來自於貨幣供需的循環週期，而股市短期內的漲跌主因是繫於市場投資人的心理。

目前國際金融市場中，除了少數國家對資本進出採取管制措施外

（也就是資金的匯入以及匯出，都必須先向當地主管機關申請核可後才可以進行），大多數的國家，尤其美歐日等成熟國家都是允許資金自由進出的，因此當我們在衡量「貨幣」這個因素時，並不能只局限單一國家的貨幣供給來衡量，而應該採用全球的總量觀點。

目前全世界的股市也由於資金多半可以跨國進行自由流動的關係，使得齊漲齊跌的現象愈來愈明顯，也因此，我們可以說全球股市就是一個股市，只是在不同國家的表現略有差異罷了。

美歐日三大央行主導了全球資金供給

若要以「全球貨幣供給總量」來做為研判行情趨勢的依據，將面臨一個執行面的問題，就是全世界有兩百多個國家，我們不可能逐一去加總每一個國家的貨幣供給數字來求取一個總量。此時運用「八二法則」這個普世智慧，可以協助我們把需要觀察的範圍限縮到少數幾個國家。

事實上，僅以**美國央行、歐洲央行、日本央行，這全球前三大央行的貨幣供給總額，就足以取用為參考全球資金潮汐是漲潮或者退潮**

的主要依據。因為全世界流通的貨幣，主要的資金提供來源還是這些成熟國家的政府、企業以及民間，而其他較小相對封閉的經濟體，其國內的貨幣供給對於國際市場並無影響力。這也是為什麼，每當這三大央行舉行利率決策會議時，全球的投資人屏息以待最新決策以及會後聲明，據以推敲未來可能的貨幣趨勢，如果決策或措辭鷹派（趨於緊縮的立場）股市往往會以下跌做為反映；如果措辭鴿派（趨於寬鬆的立場）股市往往則是上漲慶祝。

在 2008 年金融海嘯發生後，美國聯準會不僅將利率從 5.25% 降到零利率，更率先推出了量化寬鬆政策，歐洲以及日本隨後也陸續跟進。這是導致全球股市從 2009 年 3 月份開始呈現 V 型反轉、翻空為多的最主要因素之一，而且這個由全球主要央行聯手寬鬆所釋放出來的資金潮汐，延續到 2018 年已經長達十年，才在美國的持續緊縮下，開始有漲潮見尾聲的跡象。

美國是 2008 年金融海嘯之後，第一個走出衰退、帶領全球經濟復甦的國家，也因此，美國的貨幣政策是目前全世界主要國家當中最為鷹派的，自 2015 年 12 月率先啟動第一次升息以來，截至 2018 年 8 月總共已經升息七次，將基準利率由 0–0.25% 的目標區間提高到了 1.75%–2% 區間。此外，自 2017 年 10 月起開始進行「縮表」，也就

是縮減美國聯準會的資產負債表總額，無論是升息或是縮表，均影響美國在貨幣供給總額的減少，也就是趨於緊縮。

歐洲央行在 2008 年跟隨美國聯準會執行量化寬鬆，預估要到 2018 年底才會停止。2018 年 10 月歐洲央行的基準利率為 -0.4%，這樣的負利率政策可能持續到 2019 年秋季才開始轉向、進入升息。而負利率政策也是 2008 年雷曼破產所導致金融海嘯後，世界首見的，這絕非常態，因此未來終將回歸利率正常化，否則民眾退休儲蓄、以及歐洲銀行業的生存都將遭受到嚴重考驗。

日本央行的量化質化寬鬆（Quantitative and qualitative monetary easing with a negative interest rate，簡稱 QQE）則到 2018 年底前都未見轉向，而短期間內也不會升息。因此，我們可以說全球三大央行當中，只有美國是鷹派，歐洲和日本仍是鴿派。〔圖 4-1〕呈現出美歐日三大央行的資產負債表總額變動狀況。

除了美歐日等三大央行之外，其他還可以留意的主要央行包括了中國以及英國央行。中國的央行（中國人民銀行）在 2017 年 9 月 30 日宣布，在有條件下的「定向降準」寬鬆貨幣政策，並從 2018 年起實施，清楚明示，中國央行現階段仍持續寬鬆貨幣政策當中。然而

2018 年陸續出現的部分企業債務違約狀況，中國央行為確保民間資金不至於過度緊俏，政策上也相對寬鬆，避免因企業倒債現象蔓延而衝擊中國原本就步履蹣跚的經濟。

英國央行金融政策上較緊跟隨歐洲央行的步調，只是由於歐洲央行所要考量的歐元區國家太多、決策考量複雜許多，英國央行的貨幣

圖 4-1　全球 3 大央行（美歐日）的資產負債表
（各自以 2007 年初規模為基期 100，呈現出規模擴增倍數）

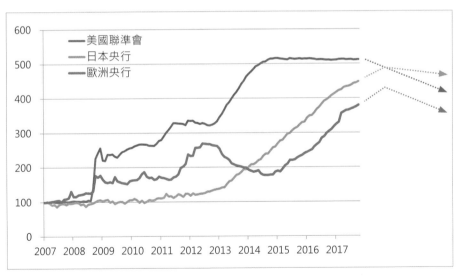

資料來源：彭博資訊，資料統計截至 2017 年 12 月底止

政策就相對容易進行，主要以英國自身的通膨以及景氣狀況決定是否升息，也因此，英國成為了 2008 年金融海嘯發生至今，僅次於美國之後的第二個率先升息的大型成熟經濟體。英國央行（BoE）在 2017 年 11 月 2 日宣布調升基準利率 1 碼，從 0.25% 升到 0.5%，以緩和物價上漲帶給英國家庭的壓力。這是英國央行十年來首次升息，之前的最後一次升息動作已經是 2007 年 7 月的事。

除了前述的五大央行之外，加拿大、瑞典、瑞士、澳洲、紐西蘭的央行也扮演了一部分影響全球資金總供給的角色，只是相對而言，他們的影響力比起美歐日等三大央行還要小得多，因此當這些國家有利率決策會議時，也見諸於新聞報導，但是通常不影響金融市場。由〔圖 4-2〕全球主要央行的貨幣政策可以觀察到，除了美國、英國、加拿大之外，其他主要央行在 2018 年底前都將維持寬鬆的貨幣政策，最快也要等到 2019 年才有可能啟動升息循環。

貨幣供給對於債券市場的影響最為直接

事實上，貨幣供給的循環，不僅影響到股市的多空循環，它甚至影響到債券市場、外匯市場、商品及原物料市場、房地產市場等等其

圖 4-2　全球主要央行的貨幣政策

國家或地區	最近 5 年內升息次數總計
美國	8 次（自 2015 年 12 月至 2018 年 9 月）
歐元區	無（最快 2019 年以後）
日本	無（最快 2019 年以後）
中國	無（最快 2020 年以後）
英國	2 次（2018 年 8 月）
加拿大	4 次（2017 年 7 月至 2018 年 7 月）
瑞典	無（最快 2019 年以後）
瑞士	無（最快 2019 年以後）
澳洲	無（最快 2019 年以後）
紐西蘭	無（最快 2019 年以後）

資料來源：彭博資訊，資料統計截至 2018 年 9 月 30 日止

他廣義市場的價格循環。

　　對於債券市場來說，貨幣市場是它最直接的競爭者。舉例而言，如果你花了 100 萬元買進一檔債券，一年後到期本利和為 103 萬元，賺到 3% 的利息，但是卻要忍受過程當中的價格波動。如是政府公債的話或許比較沒有違約風險，但若是公司債，則更要擔負債券到期之前公司發生違約倒閉的風險，因此這個 3% 的利息是隱含多重風險

的；如果貨幣市場例如銀行定存一年也可獲取 3% 的利息，相對之下，債券只提供 3% 的報酬率也就無法吸引投資人了，人們寧可選擇銀行存款較穩當的 3% 利息。

目前美國 10 年期公債的殖利率大約就在 3% 左右，而美國聯邦基金利率（被視為美元的基準利率，是貨幣市場的主要指標）已經來到 2%，倘若美國聯準會再持續升息 1%，使得美元貨幣市場利率來到 3% 水準，如此美國 10 年期公債的殖利率若繼續停留在 3% 就不合理了，必須向上提升到更高水準，例如 3.5% 甚至更高才足以吸引投資人繼續持有，否則投資人勢必又將資金往美元貨幣市場挪移。

有一個例外狀況，當市場普遍意識到美國的景氣高峰已經來到，未來一兩年可能將步入景氣衰退，人們預期美國聯準會即將停止升息，甚至未來將步入降息的循環，這對於美國公債而言卻是個大利多。基於此，儘管貨幣市場利率高達 3%，人們也會想要買進長天期公債，促成長天期公債的殖利率不升反降，因為預期將來降息，債券價格上漲，就會賺到額外的利潤。

債券價格與殖利率是呈現反向關係，殖利率上升代表債券價格下跌，而殖利率下降之於債券價格是上漲的，這裡所謂的殖利率意指從

債券價格當中推算出來的「將債券持有到期的內在報酬率（是有風險的）」，與貨幣市場利率（接近無風險的利率）迥然不同，但卻因為前面所描述的競爭關係而使得這兩種利率呈現亦步亦趨的樣貌。

從〔圖 4-3〕美國公債殖利率曲線圖可以觀察到，最短天期的美國公債是 3 個月期的，目前殖利率約 2%，與美國聯邦基金利率 2% 相當，這些都算是美元貨幣市場利率的重要指標。對於不同天期的美國公債之間相比，正常來說，愈長天期的公債殖利率愈高，因此殖利

圖 4-3　美國公債殖利率曲線圖

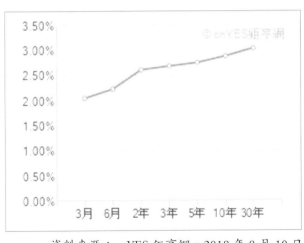

資料來源：cnYES 鉅亨網，2018 年 8 月 10 日

率曲線為正斜率是常態，倘若出現負斜率，也就是市場上俗稱的「殖利率曲線倒掛」則往往是景氣前景堪憂，避險的資金湧入了長天期的公債市場，大量買盤推高了價格，使得殖利率低於其他較短天期的美國公債。在過去 30 年之間，每每出現殖利率曲線倒掛現象，之後幾個月到一年之間普遍都出現了全球性的經濟衰退。

若要**總結利率的循環對於債券市場的影響，我們可以說兩者是反向關係的，當全球央行開始緊縮資金而升息時，債券將是首當其衝。**至於對股票、房地產市場而言，升息並未必會馬上對這兩個市場造成衝擊，因為景氣熱絡對於股票和房地產的價格推動力量大過了利率上升的負面影響，唯有到了升息循環的末期，企業負擔不了過高的資金成本，以及房地產投資者對過高的利率感到無法負荷時，股價和房地產價格才會開始反轉向下。因此，在每一次的升息循環過程當中，通常債券投資者先受傷害，之後才會擴延到股票與房地產投資者。

利差是影響外匯市場的主要因素之一

所謂利差，就是利率的差異，比如說美元一年期的存款利率高過於同期間的歐元存款利率，那麼這個利差就是正值。通常利差是影響

外匯市場的主要因素之一，但並不是「利差的絕對數字」而是「利差的變動」，因為目前的利差大小已經充分反映在市場上，已屬過去式，市場維持在均衡狀態（也就是目前的匯率水準），除非利差又有了新的變動，匯率才會再進一步往新的均衡移動。

更嚴格來說，**實務上真正會對匯率產生變動的，是「人們預期未來利差的變動」而不是「實際的利差變動」，因為金融市場有「既成事實」的現象**，人們秉持預期未來的信念進行投資與交易，因此當人們預期未來利差將變動時，便據以進行交易，而等到事實真正發生之後，大致上幾乎也反映得差不多完畢了。這也驗證了**華爾街百年來顛撲不破的真理：「買在耳語時，賣在確認時。」**

舉例來說，儘管 2018 年美國持續進行升息，而歐洲維持利率不變，然而美元兌歐元的匯率並不會因此單方向的持續走高，理論上雖然美歐之間利差擴大會使美元兌歐元升值，但實際上卻是上下波動，甚至會出現反方向的走勢。因為「美國將持續升息」這事件普遍已經成為市場的共識，除非美國聯準會透露出升息步調要加速、或者升息次數要增加，如此才會更進一步推升美元兌歐元的匯率。

由〔圖 4-4〕歐元兌美元匯率的走勢圖可以觀察到，從 2015 年

圖 4-4　歐元兌美元匯率

資料來源：彭博資訊，2015 年 5 月 1 日至 2018 年 6 月 19 日

5 月到 2016 年 12 月期間的歐元是震盪走低的，因為該期間美國聯準會釋放給市場的訊息是未來將持續性升息，最高甚至可能在 2019 年升息將達到 3.75% 的目標水準。然而，時序進入 2017 年，由於美國聯準會並無再上修升息目標，甚至有下修的狀況（這等於是對原本市場上已經普遍達成共識的未來美歐之間利差，進行了下修），使得歐

元兌美元在 2017 年期間呈現了大幅度的上漲。由此圖可以明顯感受到，匯率的變動並非由「實際的利差變動」所造成，而是「市場上人們預期未來利差的可能變動」所導致。

當然，預期未來利差的變動只能提供中長線趨勢上的方向指引，卻無法用來解釋每一天的外匯市場波動。這就像科斯托蘭尼對於股市的經典公式：「行情發展趨勢＝貨幣＋心理」，貨幣只能解釋中長期的趨勢方向，然而短期的漲跌是根據市場心理的變動而產生的。會影響到外匯市場短期波動的因素相當多，包括美國聯準會、歐洲央行任何一位委員的談話、地緣政治風險，甚至美國或歐洲所公布的任何一個重要經濟數據，都可能造成短期的市場心理改變，進而影響匯率的波動。

利率循環與通膨循環高度正相關

各國央行調整利率政策的主要依據，就是對於未來經濟前景的展望以及對於通膨的預期，通常只要景氣持續熱絡，引來通膨的蠢蠢欲動，**央行必須防患於未然，在通膨還沒真正出現之前就必須提早採取行動。**因為貨幣政策在實施上會有時間的延遲性，當央行決策升息之

後，透過銀行體系的貨幣乘數效果逐漸地發揮效用，約略九個月後才會充分反映在市場上。

以本書出版的 2018 年的現況來看，美國的通膨數據尚未達到過熱階段，然而美國聯準會卻已經從 2015 年 12 月開始進入了升息循環。央行視惡性通膨為大敵，就像電影《大敵當前》（ *Enemy at the Gates* ）當中狙擊手的對決，基本上，你必須要在對方的狙擊手還沒進入潛伏階段之前就要先採取應對策略，否則一旦對方已經埋伏於現場，要制壓就很困難了。

我們也可以形容央行打擊通膨就像消滅怪獸，最好是還在恐龍蛋階段就把蛋打破，否則暴龍一旦孵化出來，進入了市場到處亂竄，要抓住它、完全消滅它，就要付出更慘烈的代價。因此，美國聯準會明知維持低利率可以讓企業和民眾更受惠於低資金成本的環境，然而將來一旦惡性通膨出現，泡沫破滅，所有人都要承擔更嚴重的後果，**美國聯準會寧可打破許多顆蛋，也不要放過一顆可能是暴龍的蛋。**

利率的循環和通膨的循環週期是相同的，只是兩者之間存在「時間差」，由於央行對通膨有防患於未然的提早動作，使得利率的循環往往早於通膨的循環九個月至一年的時間。

股市投資人並不用害怕溫和的通膨（除了惡性通膨），要怕的是通貨緊縮；相反的，通膨卻是債券投資人的大敵，債券為股票的競爭者，通膨加速企業營運規模的膨脹且帶動本益比同步攀升而使股價受惠；通膨導致債券實質利息收益下降，對債券投資人卻是傷害。當央行為了打擊通膨怪獸而持續升息，通常敲破的都是債券投資人的蛋，然而到最後，連股市和房地產投資人的蛋也連帶會被敲破。

　　石油和原物料做為多數物品的上游原料，因此能源和大宗商品（commodities）的價格往往和通膨具有高度的正相關，因此，只要景氣復甦來到後期，物價明顯攀升時，油價和原物料價格也隨之大幅上漲。例如 2018 年已經是 2009 年以來全球景氣擴張期的後段，然

圖 4-5　紐約輕原油期貨價格走勢月 K 線圖

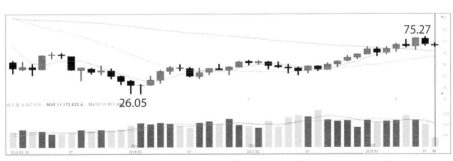

資料來源：XQ 操盤高手，2015 年 1 月至 2018 年 8 月 13 日

而卻見原油價在 2016 年 2 月份來到每桶 26.05 美元落底之後，開始持續地向上攀高，直到 2018 年 7 月高點 75.27 美元，波段漲幅高達 189%，目前也仍在多頭趨勢當中而看不到翻空的跡象。

房地產的價格循環跟隨著通膨前進

房地產是有錢人除了在股票與債券等金融資產之外的主要財富累積工具，但它明顯和股票與債券不同的是，房地產屬於「實體資產」（Real Assets）的一種，它可以被居住使用、也可以出租收取租金，甚至拿來抵押借款做其他投資之用。

大多數的實體資產都具有和通膨高度相關的特性，因為當景氣過熱、市場游資過多、商品原物料價格高漲的時候，房地產的價格也會因為建造成本的上揚而反映在市價的上升。但是**除了反映建造成本的上漲之外，「財富效果」也是另一個推升房地產價格的主要因素**，因景氣復甦，人們所得增加，當可支配所得明顯增加時，也就有能力負擔更高的房價以及較高的房貸利息支出，買屋、換屋的需求攀升，這往往是在景氣後段才顯現的趨勢。

台灣股市在 2017 年 5 月突破一萬點大關時，買房氣氛並不熱絡，然而一年之後，到了 2018 年第二季，房市卻在成交價與成交量上開始明顯增溫，因為只要股市維持萬點夠久，人們財富水平增加之後，買屋、換屋的能力相對上自然提高。房地產是台灣有錢人僅次於股市的另一個主要財富儲存工具，當有錢人們在股市賺到足夠財富，而卻不願繼續在股市投入過多資金的時候，房地產市場就成了最

圖 4-6　國泰房地產指數：全國價量指數趨勢圖（季）

資料來源：國泰建設官網，國泰房地產指數 2018 年第二季季報

好的資金去處。由〔圖 4-6〕國泰房地產指數：全國價量指數趨勢圖
（季），我們可以觀察到 2018 年第二季的成交量明顯跳升，是最近
三年來成交量的兩倍至三倍之多。

狗和主人

比喻股市與經濟的關係

「有一個男子帶著狗在街上散步,像所有的狗一樣,這狗先跑到前面,再回到主人身邊。接著,又跑到前面,看到自己跑得太遠,又再折回來。整個過程裡,狗就這樣反反覆覆。最後,他倆同時抵達終點,男子悠閒地走了一公里,而狗跑來跑去,走了四公里。」

——— 科斯托蘭尼,《一個投機者的告白》,
第 4 章〈奇幻的證券交易所〉

市場上常有人說「股市是經濟的櫥窗」，事實上，只有部分正確，因為當我們往櫥窗當中仔細看的結果，會發覺充斥很多是假貨，因為被添加過多人們的貪婪和恐懼色彩上去，和真跡相比，差得可遠了。唯有把人性造成價格扭曲和偏差的部分完全消除掉，那麼股市才能真實反映經濟的樣貌，但是，少了人性，股市就不是股市了！

從〔圖 5-1〕台股指數自 2008 年以來至 2018 年 8 月 16 日的週 K 線圖（採用對數座標），我們可以觀察到，在 2009 年以來的景氣復甦過程當中，台股指數是明顯處於多頭的趨勢當中，然而，真實走勢並不是一直線的，而是上上下下來回遊走。倘若我們試著畫出一條直線，如〔圖 5-1〕當中指向右上角的箭頭，做為牽狗散步的主人走勢，那麼顯然股價指數真實的走勢就好比狗遊走在主人前前後後的路徑，指數從 7,000 點左右漲到 11,270 點，上漲 4,270 點，然而真實的加總股價漲漲跌跌其實應有好幾萬點。

台股當中的證券玩家們，覷覬著指數上上下下加起來有幾萬點的空間，想要在指數上漲期間靠做多獲利、在指數下跌期間靠做空獲利，看似有幾萬點可觀利潤空間，然而，實際上經驗豐富的老手們會斬釘截鐵的說，那是看得到而吃不到的。因為在過程中，狗是毫無規律的來回穿梭，當你確定了牠跑的方向，準備往前撲過去抓住牠，此

圖 5-1　台股指數自 2008 年以來至 2018 年 8 月 16 日的週 K 線圖
（採用對數座標）

資料來源：XQ 操盤高手

時牠往往已經要掉頭，讓你撲了個空；也就是，當你看到指數大跌，似乎確認了要向下走，於是去放空，結果往往反被軋空。

　　我們也可以觀察更短的週期，如〔圖 5-2〕是台股指數自 2016 年以來至 2018 年 8 月 16 日的日 K 線圖（採用絕對座標），我們也能夠比照前述對於〔圖 5-1〕的做法，畫出一條指向右上角的箭頭，做為牽狗散步的主人走勢，同樣也會發現，真實的股價走勢是圍繞在主人上上下下來回跑的。**這種大層級走勢和較小層級走勢雷同的特**

圖 5-2　台股指數自 2016 年以來至 2018 年 8 月 16 日的日 K 線圖
（採用絕對座標）

資料來源：XQ 操盤高手

性，就是一般我們常說的「股性」，通常同一國的股市，或者同一家公司，股性在短時間內是不太會改變的。

另外，為什麼〔圖 5-1〕採用對數座標，而〔圖 5-2〕採用絕對座標呢？這只是一個實務運用上的比較範例。當時間拉長（例如超過十年）而指數已經距離基期很遠的狀況下，對數座標才能夠真實反映「股市的漲跌幅」，而降低「漲跌的點數」並無法反映漲跌幅的缺點。例如，假設基期是 1,000 點，那麼漲 100 點就是 10% 的大漲，

然而如果指數基期已經墊高來到了 1 萬多點的水準，那麼這時候漲
100 點是根本不到 1% 的小漲。因此，**為了比較長時間內，不同時間
段落之間的漲跌幅差異，最好採用對數座標圖，才比較能夠進行跨時
間的比較。**

股價指數的走勢像狗，那麼指數期貨就像狗的影子

　　股價指數就像興奮的狗，在主人前後來回穿梭，那麼指數期貨就
會像狗的影子一樣，與狗形影相隨，時而在左，時而在右，時而變
長，時而變短，但總是寸步也不離。如果一個投資人無法在現貨市場
抓住那隻興奮的狗，那麼他就更無法在期貨市場抓住狗的影子。

　　科斯托蘭尼說過一句很有趣的話：「**我常去證券交易所，因為其
他地方都不像這裡，能看到這麼多傻瓜。並不是我對傻瓜感興趣，而
是為了進行和他們截然不同的動作**」[1]。真正的投機家，並不忙碌於
追逐狗或者狗的影子，而是專注於判斷主人前進的方向，**他們事先在
前方撒網，只要抓住了主人，狗早晚會自動落網。**

---

[1] 引自《一個投機者的告白》，第4章〈奇幻的證券交易所〉。

當然，並不是說沒有人可以在期貨市場獲得利潤，但往往需要全職的投入、隨時隨地的保持對市場的監控，才能夠在突如其來的大幅跳空（走勢出現不連續的突然向上跳升，或大幅度的殺低）發生時，進行即時的風險控制。因為期貨市場具有高度槓桿的特性，往往槓桿高達 10 倍，當現貨市場價格下跌 10%，因而造成本金的 10% 損失，本金剩下九成，但只要之後上漲 11% 就可以再創下新高。然而，期貨市場因為具高達 10 倍的槓桿，只需價格下跌 10%，你已經虧光了所有，就算之後市場回漲 10 倍，可確定你已沒有本金參與其中。

為什麼狗總是會回到主人身邊？

均值回歸（Mean Reversion）是投資學當中的一個重要概念，是指股票價格無論高於或低於價值中樞（稱為均值，英文為 mean），通常會以很高的機率向價值中樞進行回歸的現象，因為如華爾街的諺語：「樹不會長到天上去」，上漲或者下跌的趨勢不管其延續的時間多長，都不能永遠持續下去。漲得太多了，就會向均值移動而下跌；跌得太多了，就會往均值上升移動。

造成均值回歸現象的主因，在於**全世界可供做為投資工具的資產類別相當廣泛，股市只是其中之一，而債券市場和房地產市場顯然是股市最大的競爭者**，當股市經過連續的上漲，而使得價格偏離該有的價值太多的時候，投資人（尤其是相對理性的機構法人）就會停止買進，甚至做出獲利了結的賣出動作，因為他們並沒有必要冒險去買進已經明顯偏貴的資產，而是寧可逢低買進其他相對較便宜的資產類別。

　　所謂的均值，並不一定是一個固定不變的數值，而是會隨著時間改變的，就如〔圖 5-1〕以及〔圖 5-2〕當中指向右上角的箭頭，在多頭趨勢當中，均值會隨著時間經過而向上移動；相反的，在空頭趨勢當中，均值則會隨著時間經過而向下移動。

　　「迴歸分析」（Regression Analysis）是一種統計學上分析數據的方法，目的在於了解兩個或多個變數間是否相關、相關方向與強度，並建立數學模型以便觀察特定變數來預測未來的可能發展。例如〔圖 5-3〕所示，X 軸是自變數，Y 軸是依變數，迴歸分析可以藉由統計軟體的輔助，來產生出一條最能夠解釋 X 和 Y 之間關係的迴歸線，就是〔圖 5-3〕當中的上升趨勢線。

迴歸分析也普遍被機構法人應用在金融市場投資當中，做為分析預測模型所使用，其中也包括了股價趨勢的預測。然而，在股市當中較特有的一個現象，是當**產生了一個明顯的市場趨勢之後，它會強化人們的投資信心因而促使人們更勇於投資，進而讓原本的趨勢加以延續，這也就是股價趨勢的慣性**。除非時間經過很長一段時間之後，出現了重大的結構性轉變，或者市場的風險偏好明顯改變，否則這樣的趨勢可能會長達好幾個月、甚至好幾年，例如〔圖 5-1〕以及〔圖 5-2〕當中的台股走勢，在多頭市場趨勢已經延續長達了好幾年。

圖 5-3　統計學上的迴歸分析

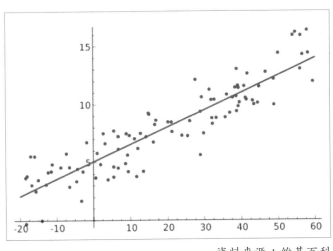

資料來源：維基百科

上述「自我強化」的現象，在過去數十年來的國內外股市相關實證研究上被普遍證實，因此有專有名詞來解釋這一種現象，稱為「自我迴歸」（Autoregressive），在當代學術圈用來預測股價未來走勢的模型，也將這樣的特性嵌入了預測模型當中，成為基本特性之一。這也解釋了，每每股價偏離了中樞之後，總會有一個力量讓股價回歸到中樞的水準，因為當股價已經明顯呈現出了一個多頭趨勢之後，人們傾向於相信這個趨勢還會再持續下去，因此勇於在股價明顯偏離的狀況下做出反向投資的行為，這也使得「均值回歸」、「自我迴歸」、「反向投資」成為了密不可分的夥伴。

迴歸分析與五線譜投資術

有關狗和主人的關係，以及統計學上有關迴歸分析的模型，已經被廣泛使用在金融市場的實務投資上。例如，「樂活五線譜」投資術就是採用迴歸分析的方法，利用價格偏離中心趨勢的程度，來做為加碼或減碼操作的依據。〔圖 5-4〕為台灣加權指數的樂活五線譜，可以看到此波上升軌道的基本趨勢（中心的紅色線）以及正負兩個標準差（Standard Deviation）之水準，這是以過去一年的歷史走勢來進行迴

圖 5-4　台灣加權指數最近一年的迴歸分析

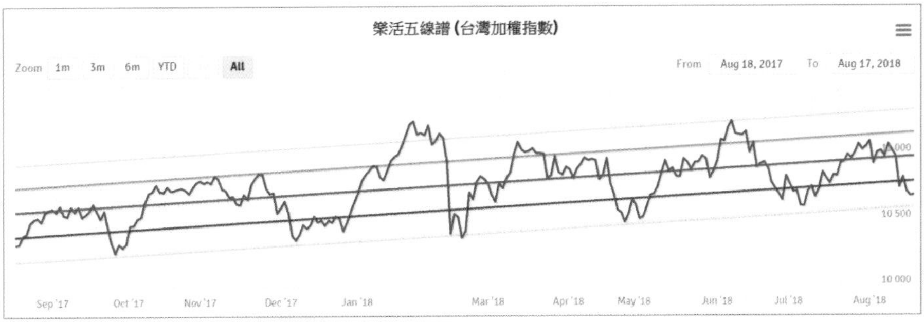

資料來源：樂活五線譜 http://invest.wessiorfinance.com/notation.html

歸分析的結果。❷

　　在應用到實務操作上，我們可以假設一位投機者在多頭時期的策略為持股從 0 到 100% 之間進行動態調整，那麼當指數下跌，來到接近負兩個標準差時，將持股拉高到 100%；當指數上漲，來到接近正兩個標準差時，將持股降到 0，這樣就是一個低買高賣的區間來回操作策略，而區間是以迴歸分析的正負兩個標準差為基準，而不是固定的價位。這樣的策略，等同於採用客觀的統計學方法來調整持股水位，能夠幫助投機者建立操作的紀律及穩定性，是投機初學者不錯的

❷ 註：網址為http://invest.wessiorfinance.com/notation.html，該網站也提供國際各大指數、以及知名基金的迴歸分析。預設值為使用過去3.5年的歷史資料來跑迴歸分析，然而使用者也可以手動調整歷史資料的採用期間以及圖表顯示期間。

參考工具。

大盤指數會永續，但個股則未必

　　許多國家的大盤指數是以所有上市公司混合計算的平均指數，例如台灣加權股價指數，因此只要台灣的股市存在，這個指數就會永遠存在；有些指數則是透過特定的採樣標準以及計算方法，針對特定標的所計算出來的一個指數，例如美國標準普爾 500 指數（S&P500）就是採樣市值最大的 500 家公司做為指數編製基準，日經 225 指數則是針對東京證交所當中的 225 檔大型企業做為指數編製基準，中國 A50 指數就是只有採樣 50 檔龍頭股。

　　無論是涵蓋所有上市公司的指數，還是篩選特定採樣標準的指數，只要是這些指數的編製原則有內建汰換機制，那麼這些股價指數就能夠永續存在。例如台灣加權股價指數當中若有成分股下市，那麼這些下市的公司也就會被剔除在指數之外，是一種自然淘汰機制；而國際上絕大多數的指數都有年度或季度的檢視調整機制，會納入較具有代表性或較具競爭力的新公司做為成分股、同時剔除被淘汰的公司，是一種人為的汰換機制。例如摩根士丹利資本國際（MSCI）所

編製的各種指數，幾乎都會有季度檢視與調整，這等於是每一季幫指數進行「換血」的動作，於是可以讓指數永保年輕、甚至延續永久。

如果將「主人與狗」的相關道理運用在指數型的投資，例如 ETF 或指數型基金的進出操作，幾乎套用在全世界各主要股價指數上都是可行的；然而，若要運用在個股的進出操作上，風險極高。這主要牽涉到了兩個問題：**個別公司可能會被淘汰、個股的股價容易受人為操控。**

指數內建有自然淘汰機制或者定期檢視調整的人為汰換機制，因此得以永續，而個股往往被淘汰了就面臨下市、甚至倒閉，因為指數的成分股多，如果有一家公司被淘汰就會有新的公司可以馬上遞補做為新的成分股，但是通常一家公司被淘汰，可能是整個產業的變革，甚至整個產業供應鏈從此消失，永遠不會回來。這也是為什麼，目前全世界許多國家的大型退休金制度，是將民眾的退休金投資於以大型股為主的基金或 ETF，而幾乎不直接投資於個股。指數往往涵蓋範圍包括了許多不同的產業，因此即便有特定幾個產業遇到重大變革，對整體指數的衝擊相對有限，但是單一個股若遇到所屬的產業被淘汰，可預見的個股榮景勢必將一去不復返。

個股的股價在短期內也可能被主力大戶等特定人士操控，以至於嚴重的偏離正常軌道，甚至長時間的偏離，因此，即便我們能夠判斷主人前進的方向（也就是價值投資者眼中所謂的「內在價值」），也未必能夠知道那隻失控的狗要往上還是往下狂奔多久。**投機者們若要運用主人和狗的關係，那麼最好運用在指數型投資上，否則有可能發生被瘋狗咬傷，或者主人發生意外，倒地不起。**

——第 6 章——

固執的人和猶豫的人

股票掌握在什麼人手裡，決定後市的漲跌表現

股市投資人的心理狀態決定了中短期的股市走勢，也就是說，股市的中短期表現，要看股票是掌握在資金充裕且固執的投資人手中，還是在猶豫、容易驚惶失措的投資人手中。

　　　　　　　　　　　　　——科斯托蘭尼，
　　　　　　《一個投機者的告白之證券心理學》，
　　　　　　　　　　第 6 章〈群眾是無知的〉

科斯托蘭尼認為：「**固執的投資者須具備四種要素：金錢、想法、耐心，還有運氣。**」❶ 以上四者也就是成功投機家的四要素，而與固執的投資者相對的，就是猶豫的投資者。即便一個人具備了上述好幾項的條件，但只要是因為缺乏金錢、或者缺乏想法、或者缺乏耐性，也終將淪為猶豫的投資者。

其中「有金錢」是無論投資或投機，都必須具備的基本要件，絕對金額的多寡並不是關鍵，而是有閒錢可以無壓力且具充裕時間，讓自己的部位去驗證自己看法的對錯。如果用來投資或投機的資金並不是自己的，是借來的（有負債），或者並非毫無時間壓力，這種情況下的資金，並不配與一位好的投資家或投機家並肩作戰，甚至，這樣的資金來源反而可能是造成虧損的主因。我們可以說，**沒有閒錢的人，沒有資格固執。**

股票掌握在什麼人手裡，決定了後市的漲跌表現。如果股票從猶豫的投資者手中流入了固執的投資者手中，穩定的籌碼會支持股市上漲；反之，如果股票是從固執的投資人手中流向猶豫的投資人手中，那麼股價易跌難漲。短期來說，股價取決於籌碼的供給和需求，**因為**

---

❶ 引自《一個投機者的告白》，第7章〈證券交易心理學〉。

短期籌碼數量是固定的，只要買方的急迫性高於賣方的急迫性，股價自然會漲；反之，股價會跌。

　　2018 年台股最經典的個股案例為被動元件龍頭廠國巨（2327），其股價在 2018 年上半年狂飆大漲了數倍，並且在 2018 年 7 月 3 日股價創下 1,310 元的新高，成為台股的股后（股價之高，僅次於股王大立光），然而從〔圖 6-1〕國巨最近一年的股價、融資餘額與主力持股可以觀察到，當股價漲過 1,000 元以上高價時，主力持股明顯下降，站在賣方，然而融資餘額卻持續竄高；當 2018 年 7 月

圖 6-1　國巨（2327）最近一年的股價、融資餘額與主力持股

資料來源：XQ 操盤高手，2017 年 8 月 18 日至 2018 年 8 月 17 日

上旬股價從 1,310 元跌回 1,000 元附近時，融資餘額暴增，顯示有許多散戶在 1,000 元左右選擇勇於承接，然而，到了 2018 年 8 月中旬股價跌破 600 元，在 1,000 元融資買進的人，早已斷頭（若持續補繳保證金是不至於斷頭，然而當股價下跌 40% 在融資的槓桿 2.5 倍之下，也賠光了 100% 的原始本金）。

為什麼是固執的投資者主導股市多空的主要力量呢？100 個散戶有 100 條心，而 10 個主力有時是 1 條心，無論當時主力是公司派大股東、還是外資法人、還是市場派有錢的大戶，只要是主力，通常是資金雄厚而且資訊充足，並且有耐心可以等待。股票從猶豫者手中流向固執者手中時，往往籌碼會呈現集中，因為固執者可能只進不出，持續吸收來自市場的籌碼，當多數籌碼集中在少數人手裡並且持有不出脫時，股價便很難跌；反之，主力出貨時，儘管有為數眾多的散戶們來承接，也撐不住股價，這是用基本面無法解釋的，全憑籌碼面決定，而反映在價量上便是技術面所呈現的結果。

以台灣股市為例，往往藉由**融資餘額的多寡做為觀察猶豫投資者的心態**，因為融資的錢是借來的，有還錢的時間壓力，因此使用融資而持有股票的人，相對較無法擁有耐心來等待。在股價大漲時，融資者因為有槓桿的效果，使利潤加成快速，往往不會急著馬上離場，而

是認為自己有足夠的獲利引為保護，而續抱以期獲利更多，這是一種貪婪的心理；相反的，當股價大跌，融資者虧損的程度是以倍數放大，往往又急於出場，這是一種恐懼的心理。基於上述可知，股價上漲時融資者並不會賣，只有虧損時會賣，因此融資者多半以虧損收場，當然是不言而喻的結果。老手們都清楚，**融資並不會放大一個人的實力，而只會放大一個人的貪婪和恐懼。**

由〔圖 6-2〕台股大盤指數和融資餘額的關係，我們可以觀察到兩個現象，其一是指數在大漲時，融資會跟著增加，而且指數漲得愈

圖 6-2　台股大盤指數和融資餘額的關係

資料來源：XQ 操盤高手，2016 年 1 月 4 日至 2018 年 8 月 17 日

高，融資餘額就會愈多，這就是前述的「貪婪」現象，只要股價上漲融資持有者是不會出場的，他們必須虧損才願意離場；其二是融資餘額有落後指數的現象，往往指數高點已經過了，融資餘額隨後才會創下新高，而當指數低點已經過了，融資餘額還會持續創新低一陣子，這意味著，融資者普遍具有後知後覺的現象。

不要借錢買股票

科斯托蘭尼強調：「**絕對不要借錢買股票。**」因為即便你的看法是對的，往往無法撐到最後證明自己是對的那一刻，而在中途已經斷頭或被迫出場。**在股市當中，只有贏家和輸家，你就算懂得再多，若最後是以賠錢離場，那麼頂多也只是個愚蠢的專家。**

許多專業人士，包括醫師、律師、工程師，在現實的股市交易當中損傷慘重，並不是因為他們懂太少，而是他們懂得愈多專業知識，就愈容易陷入事事都應建立在理性邏輯判斷的泥淖，然而股市往往充滿著不理性的現象，股市裡的邏輯和我們真實世界裡的邏輯截然不同，因此，愈是篤信科學根據的人，到了充滿人性貪婪與恐懼的市場當中，愈顯得格格不入。

科斯托蘭尼說：「2×2 ＝ 5 － 1，這條公式剛好將藝術與科學分開，因為科學工作不可能用這樣的公式計算，從數學角度看，他的計算必須準確無誤。……但還沒等到得出 4 的結果，橋就已經在 5 的時候倒塌了。」❷ 事實上，從 2000 年科技泡沫、以及 2008 年金融海嘯的股市實際走勢來看，「2×2 ＝ 5 － 1」這算術公式還是過於理性了，因為在這兩次空頭市場當中，即便是最穩健的美國股市也被攔腰斬斷，只剩一半，所以是「2×2 ＝ 8 － 4」。

我在華爾街工作的同事跟我說，2008 年金融海嘯發生的時候，美國人都笑稱他們的退休金制度變成了 201(k)，就是在挖苦美股的表現幾乎讓他們的帳戶總值腰斬。❸ 由〔圖 6-3〕美國 S&P500 指數在 2008 年金融海嘯期間的表現，可以觀察到即便是美國股市當中最穩定的前 500 大企業，股價也難逃腰斬的命運。

在 2008 年金融海嘯期間，台灣加權股價指數從 2007 年 10 月 30 日高點 9,859 點，跌到 2008 年 11 月 21 日低點 3,955 點，僅僅 13 個月的期間，大盤指數跌掉了六成，如〔圖 6-4〕所示，因此我們可以

---

❷ 引自《一個投機者的告白》，第7章〈證券交易心理學〉。
❸ 美國的401(k)退休福利計畫，是美國於1981年創立一種延後課稅的退休金帳戶計畫，美國政府將相關規定明訂在國稅法第401(k)條中，故簡稱為401(k)計畫。

圖 6-3　美國 S&P500 指數在 2008 年金融海嘯期間的表現

資料來源：XQ 操盤高手，2007 年 1 月 3 日至 2009 年 12 月 31 日

圖 6-4　台股指數在 2008 年金融海嘯期間的表現

資料來源：XQ 操盤高手，2007 月 1 月 2 日至 2009 年 12 月 31 日

說在台灣的現象是「2×2 ＝ 10 － 6」。愈是散戶比重偏高的市場，猶豫的投資人相對就愈多、市場愈顯不理性，往往在上漲的時候超漲過多，而在回檔修正時摔得更重，這就是猶豫的投資人典型的傑作。**無論在全世界哪一個洲、哪一個國家，只要是猶豫的投資人多的地方，那個國家的股市暴漲暴跌的現象也就愈發明顯**，拿出這些國家的股市走勢圖來比較，彷彿人種和氣候的差異都不重要了，唯有散戶的畫作近乎如出一轍。散戶無國界，世界一家村。

事件本身並不一定會造成股價漲跌，而是人們怎麼想

市場評論家總是會在股市大漲或大跌之後找理由解釋原因，但是科斯托蘭尼認為這些評論完全毫無用處，偉大的投機家們研判行情的重點，並不是在研究事件本身，而是細膩地去觀察「**當重大事件發生時，市場的反應有多強（或有多弱），來據以判斷目前市場的信心有多強（或有多弱）**」。

股市的邏輯是這樣的：同一個因素可能造成股價上漲，但卻也可能完全相反（使股價下跌），發生的事情本身並沒有絕對的影響，而

真正會影響股價的是人們對事情的解讀或期待。當一則利多消息都已經被市場充分接受了，反而利多出盡自然股價下跌收場；反之，當一則利空消息都已經被市場接受，那麼就會利空出盡成就股價大漲。這也道出**股市當中往往藝術的成分大過科學的成分，愈是想像力豐富的人，也就愈能夠看懂股市不規則當中的規則。**

2003 年初，美伊戰爭箭在弦上，油價從每桶不到 20 元狂飆超過一倍，挑戰每桶 40 美元，然而在 2003 年 3 月 20 日美國正式對伊拉克宣戰時，油價已經快速跌回 32 美元，重挫了 20%。戰況並不重要，重要的是市場擔憂的程度是在擴大還是收斂，那才是影響行情的關鍵，在美國還沒正式對伊拉克宣戰之前，有太多不確定性和想像空間，然而在美國公開宣戰之後，變數少了、態勢明確了，對油價的想像空間也就變小，因此回歸理性。

科斯托蘭尼雞蛋

證券市場循環過程的內在結構

為了正確判斷市場是過度買進，還是過度賣出，大家首先必須了解上漲和下跌的內在結構，因此這兩者必須同時觀察。在證券市場，漲跌是一對分不開的搭檔，如果分辨不出下跌的終點，就看不出上漲的起點，同樣地，如果大家辨別不出上漲的終點，也就預測不到下跌的起點。

　　　　　　　　　　　　──科斯托蘭尼，《一個投機者的告白》，
　　　　　　　　　　　　　　　第 7 章〈證券交易心理學〉

在《一個投機者的告白》原版著作問世即將邁向 20 年之際，目前最被全世界廣泛流傳而且應用在實務投資上的一個智慧就是「科斯托蘭尼雞蛋理論」，然而，我認為既然在實務上已經被證明可用，那麼直接稱之為「科斯托蘭尼雞蛋」也不為過。❶

在《一個投機者的告白》的原著當中，科斯托蘭尼將行情的完整循環週期分成了六種不同的階段，如〔圖 7-1〕所示，他並針對各階段進行以下描述：❷

A1 ＝修正階段（成交量小，股票持有人數量很少）。

A2 ＝相隨階段（成交量和股票持有人數量增加）。

A3 ＝過熱階段（成交量異常活躍，股票持有人數量大，在 X 點達到最高）。

B1 ＝修正階段（成交量小，股票持有人數量逐漸減少）。

B2 ＝相隨階段（成交量增加，股票持有人數量繼續減少）。

B3 ＝過熱階段（成交量很大，股票持有人數量少，在 Y 點達到最低）。

---

❶ 就像在營養學論述稱「雞蛋很營養」，而非「雞蛋很營養『理論』」。
❷ 引自《一個投機者的告白》，第7章〈證券交易心理學〉。

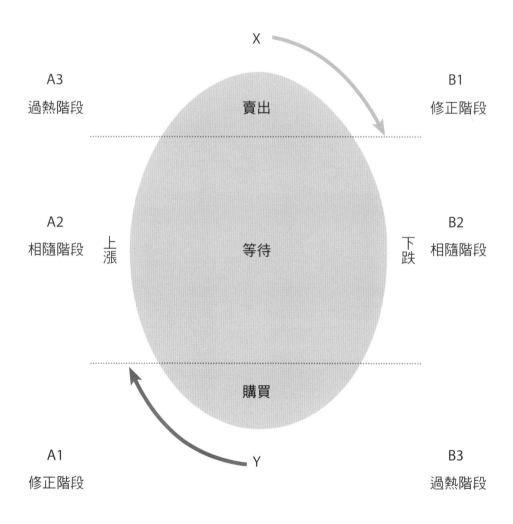

圖 7-1　科斯托蘭尼雞蛋與行情的六種不同階段

科斯托蘭尼認為，要在 A1 和 B3 階段時，購買股票；在 A2 階段，等待和保留股票；

在 A3 和 B1 階段，售出股票；在 B2 階段，等待和保留現金。

科斯托蘭尼雞蛋使用前說明

在引導進入實務運用之前，我們一定要先事先理解幾個股市的真實現象，以確保在判斷的過程當中能夠更貼近事實，而不是硬要套入某個理論而曲解事實。目前在全世界大多數的股市當中，普遍都可以觀察到以下兩個共同特徵：

一、多頭時間長、空頭時間短

因為長期而言，大多數的股市肯定會反映該國的經濟狀況（短期則不一定），然而絕大多數的國家經濟成長率都是正成長，十年當中可能僅有一、兩年出現衰退，因此，一國的經濟長期持續成長，該國的大盤指數理當沿著成長的趨勢向上攀升。另外，由於資訊流通快速，當遇到空頭市場時，往往賣壓宣洩得速度快，因此統計近 30 年的每一次空頭市場所行進的時間有愈來愈短跡象，而多頭市場持續的時間則愈來愈長。我們可以說股市和經濟的自我修正機制已經愈來愈

具有效率性了，因此當資產估值過高的泡沫遭戳破後，直接以崩跌的形式快速修正到位，並不需要花費太長時間。

　　按照此一特性，我們可以了解在〔圖 7-1〕當中的 A1、A2、A3 這三個上漲階段合起來的時間長度，可能遠大過了 B1、B2、B3 這三個下跌階段合起來的時間長度。

二、多頭市場中會有回檔、空頭市場中會有反彈

　　在「行情＝貨幣＋心理」的解析下，即便行情的趨勢是多頭，但由於來自市場心理因素干擾呈現上下波動的反應，因此所看到的行情並非一直線，而是以曲折的方式前進。這就像是你期待一隻活生生的狗要完全貼著主人腳邊走路，步伐要一致距離要固定，是不太可能的（除非是機器狗）。

　　因此，A1、A2、A3 這三個上漲階段通常是不連續的，在任何一個階段和下一個階段之間有可能是持相反方向的行進走勢，時間的長短也難以預料，有時候會讓人們誤以為多頭已經結束，進入了 B1 的空頭第一階段。反過來說，B1、B2、B3 這三個下跌階段也不是連續的，期間可能會出現大幅度的反彈，人們誤以為低點已經浮現、開始步入了多頭市場。這也是猜頭、摸底，判斷上有一定困難的原因。

有了以上的認知，將有助於我們在檢視任何一張股價指數走勢圖的當下，可以用更短的時間辨別出多頭與空頭，並且提高判斷的準確率。

台股自 1987 年以來的實例驗證

1987 至 1990 年的多頭市場，堪稱台股史上最瘋狂的一次大多

圖 7-2　台股指數自 1987 年以來至 2018 年 8 月的月 K 線圖
（採用對數座標）

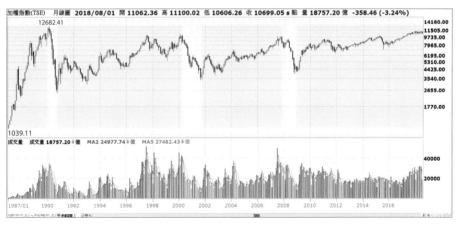

資料來源：XQ 操盤高手

頭，指數從 1,000 點左右的水準暴漲到了 1990 年 2 月最高點 12,682 點，是三年內暴增超過十倍的大行情，然而接踵而來就是泡沫破滅的急速的回檔，在 1990 年 10 月見最低點 2,485 點，短短 8 個月內回跌了 80.4%，也就是說，高點持有的 100 萬本金會默默的消失只剩下不到 20 萬元，這是以大盤指數的狀況統計，而有些個股則跌掉了 90% 甚至 99%。

然而，經過急速修正過後，1990 年 10 月起又展開長達將近 10 年的另一次大多頭市場，一直到 2000 年 2 月高點 10,393 點才畫下句點，緊接著是迎來另一次的大空頭，跌到 2001 年 9 月低點 3,411 點才落底，接續著下一個循環的多頭就從 3,411 點攀升到了 2007 年 10 月高點 9,859 點，再接著跌到 2008 年 11 月見低點 3,955 點。

科斯托蘭尼說：「**在證券市場，漲跌是一對分不開的搭檔，如果分辨不出下跌的終點，就看不出上漲的起點。**」❸ 事實上，暴漲和暴跌是密不可分的兩兄弟，他們總是如影隨形，只要你看到暴漲出現，那麼暴跌就緊跟在其後，幾乎沒有一次例外，如果你看著暴漲，想佔他一些便宜，小心你的背後將被他兄弟狠狠敲一筆。

---

❸ 引自《一個投機者的告白》，第7章〈證券交易心理學〉。

我們先觀察〔圖 7-3〕台股指數自 1987 年以來至 1990 年 12 月的日 K 線圖（採用對數座標），可以發現 A1、A2、A3 所代表的多頭市場期間的成交量是依序遞增的，初期在 A1 時期指數位階很低，而成交量也很小，但是漲幅卻相當可觀，短短 10 個月之內暴漲了 361%；A2 階段的成交量明顯比 A1 階段來得大，而漲幅則有 293%；A3 階段的成交量幾乎是 A1、A2 的十倍以上，那一段時期可謂全民炒股的瘋狂階段，許多光怪陸離的現象都出現，學生上課時間翹課、家長上班時間翹班，都跑到號子（證券商的營業據點）看盤炒股，每

圖 7-3　台股指數自 1987 年以來至 1990 年 12 月的日 K 線圖
（採用對數座標）

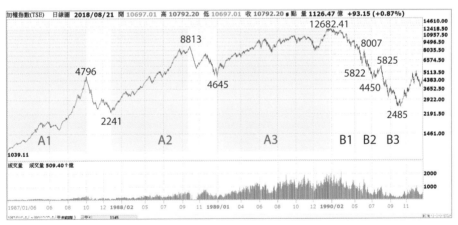

資料來源：XQ 操盤高手

天下午重慶南路和南京東路這些金融街的餐廳和咖啡館總是座無虛席，因為所有人都在收盤之後就近聚在一起滿心歡喜地談論股票。炒股獲得豐厚利潤是如此美妙，彷彿去上課上班的人是跟不上大時代的傻瓜。

然而，A3 階段的指數漲幅僅有 173%，是 A1、A2、A3 階段當中最少的，因為 A1 階段的買家許多來自公司內部的大股東，或者市場上消息靈通的主力大戶，他們的利潤最為豐厚；A2 階段除了 A1 階段的參與者外，又加入了絕大多數的機構法人；到了 A3 階段，後知後覺的散戶和新手們也爭相加入了，因此籌碼變得相當凌亂，獲利空間有限，而公司派大股東或市場派的主力大戶們在 A3 階段陸續獲利了結，將籌碼拋給了散戶們，以至於成交量暴增，股價的波動幅度也明顯放大。

〔圖 7-3〕當中的 B1、B2、B3 等三個空頭階段，成交量是由高到低遞減的，與科斯托蘭尼所描述的逐步放大狀況並不同。其中可能的原因，是該期間台灣股市跌幅超過 80% 使得大多數的散戶，甚至主力大戶都在過程中慘遭賠光而被迫離場的狀況，以致最後存活在市場中的交易者明顯變少，而反映在成交量上也就萎縮到連高峰的10% 都不到。

上述的 B1、B2、B3 等三個空頭階段跌幅分別為 54.1%、44.4%、57.3%，合起來的累計跌幅遠超過從最高點 12,682 點跌到最低點 2,485 點的跌幅（80.4%），因為中間分別有兩段跌深後的強勁反彈，分別是 5,822 點反彈到 8,007 點（37.5%），以及 4,450 點反彈到 5,825 點（30.9%），倘若想在空頭市場放空賺錢的散戶們，在這兩波強彈當中足以被軋到斷頭出場。相反的在整個空頭市場當中，只會做多的散戶們損失往往大過 80.4% 的整段跌幅，因為即便不使用融資，B1、B2、B3 的三個階段只要參與了任兩段，損失就會超過八成，散戶總是參與一波下跌後認賠出場，看到市場逆轉向上以為可以做多了，意想不到重新進場後又恰逢其時是另一波續跌（B2 或 B3）的開始。

　　按照上述相同的分析方法，讀者也可以自行去觀察〔圖 7-2〕當中，1990 年到 2000 年的多頭、以及 2001 年至 2007 年的多頭，也都可以各自分拆為 A1、A2、A3 的三個階段，而每一個階段的成交量是逐步放大的；然而，這兩次多頭之後所緊接著的空頭市場，卻較難區分出 B1、B2、B3 等三個空頭階段，僅有兩波的下殺，相當於科斯托蘭尼所描述的 B1、B2 階段，顯示著交易者是愈來愈少的跡象。

　　台股最近的十年表現，可觀察〔圖 7-4〕為台股指數自 2008 年

以來至 2018 年 8 月 21 日的日 K 線圖（採用對數座標），我們可以發現這十年之內的上漲可以被明顯劃分為 A1、A2、A3 的三個階段。其中 A1 的成交量相當大，而漲幅也是最大的一段，從 3,955 點的低點漲到 9,220 點的高點，波段漲幅高達 133%，算是「行情總在絕望中誕生」的階段，勇於進場（而且要有資金能夠進場）的人獲利非常可觀，這個時期的買家多半是公司派的大股東，或者市場上財力相對雄厚的主力大戶們。2011 年 12 月從 6,609 點起漲屬於 A2 階段，算是「半信半疑中成長」的階段，當時歐債風暴的陰霾籠罩全球，而新

圖 7-4　台股指數自 2008 年以來至 2018 年 8 月 21 日的日 K 線圖
（採用對數座標）

資料來源：XQ 操盤高手

興市場經濟普遍也欲振乏力，使得台股成交量並沒有比 A1 階段來得大，觀望者眾。2015 年 8 月從 7,203 點起漲屬於 A3 階段，成交量在後期明顯的放大，然而也暗示著愈來愈多的散戶和新手們投入了市場，相對上獲利空間已經有限。

美國 S&P500 指數近 30 年來的實例驗證

在《一個投機者的告白》的原著當中，科斯托蘭尼已經用 1982 年至 1987 年的美國股市為例，生動地描繪了當時的市場興衰，巧妙絕倫地剖析人們心理變化的種種現象，而以下則採用美國 S&P500 指數近 30 年來的月 K 線圖（採用對數座標），來呈現 1988 年至今的美股興衰，如〔圖 7-5〕所示。

美股在經歷 1990 年至 2000 年科技業蓬勃發展的黃金十年之後，終於在 2000 年後 3 年時間隨著網路泡沫的破滅，股價大幅地回檔修正，直到 2003 年 3 月才落底，我們擷取 1988 年至 2003 年之間的走勢圖改用日 K 線圖來檢視，可以明顯看出多頭市場的 A1、A2、A3 三個階段，以及空頭市場的 B1、B2、B3 階段，如〔圖 7-6〕所示。

圖 7-5　美國 S&P500 指數近 30 年來的月 K 線圖
（採用對數座標）

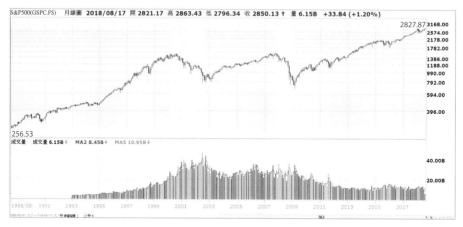

資料來源：XQ 操盤高手

　　在〔圖 7-6〕當中的 A1 階段，S&P500 指數從 294 點漲到 482 點，漲幅 63.9%，儘管圖中的 1993 年以前成交量資訊不齊全，但仍可以觀察到 A1 階段的晚期，成交量仍算是整個走勢圖中相對偏低的；A2 階段從 435 點漲到 1,190 點，漲幅 173.6%，成交量已經明顯放大為 A1 階段的兩倍至五倍；A3 階段從 923 點漲到 1,553 點，漲幅 68.3%，而成交量則又明顯放大為 A2 階段的兩倍以上，這樣的量價關係，符合科斯托蘭尼雞蛋的論述。進一步檢視〔圖 7-6〕當中的空頭市場 B1、B2、B3 階段，跌幅分別為 30.4%、28.2%、34.7%，且成

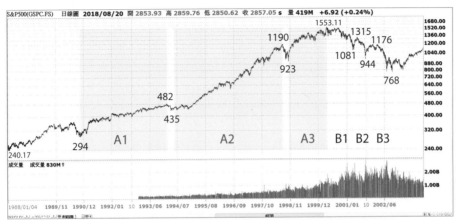

圖 7-6　美國 S&P500 指數 1998 年至 2003 年的日 K 線圖
（採用對數座標）

資料來源：XQ 操盤高手

交量也是依序放大，並且在 B3 階段完成最大量的換手，達到最低點
而由空翻多，完全符合科斯托蘭尼雞蛋的論述。

　　美股最近的十年表現，可觀察〔圖 7-7〕為美國 S&P500 指數自
2008 年以來至 2018 年 8 月 24 日的日 K 線圖（採用對數座標），我
們可以發現這十年之內的上漲也是可以被明顯劃分為 A1、A2、A3 的
三個階段，若對比〔圖 7-4〕的台股最近十年走勢，可以發現無論
是在量或價，相似度非常高，因為自 2000 年科技泡沫之後，全球股

市的連動性已經大幅提高（相較於 2000 年以前網際網路不夠普及來說），因此跨國的股市已可以取用相互參照，來做為研判行情階段的參考。這也符合本書前面所提到，行情等於資金加心理，在資金流通上幾乎可以自由達世界各角落，也因此，全球股市的行情走勢也幾乎快要等同於合併成一個大股市了。這樣的現象，給了當今投資人一個很重要的訊息：跨國投資並無法分散風險，必須跨過不同的資產類別（選擇股市以外的資產，例如債市、外匯、房地產等等），對於降低風險才有實質幫助。

圖 7-7　美國 S&P500 指數自 2008 年以來至 2018 年 8 月 24 日
的日 K 線圖（採用對數座標）

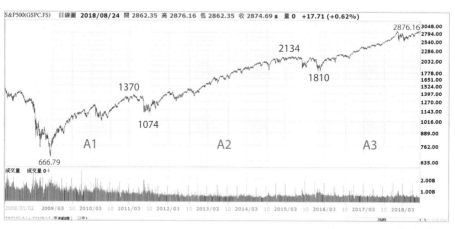

資料來源：XQ 操盤高手

第 8 章

股市的背景音樂

戰爭或和平，及長期的經濟發展

「證券交易所是沒有音樂的蒙地卡羅，是賭場，可以整晚在緊張刺激的氣氛中賺一大筆錢。對我來說，證券交易所是充滿各種音樂的蒙地卡羅，只不過必須帶上天線，才能捕捉到音樂，分辨出音樂的旋律。」

──科斯托蘭尼，《一個投機者的告白》，
第 4 章〈奇幻的證券交易所〉

市場上的證券玩家們，往往把股市視為每週一至五開放的公開賭場，裡面充滿了賺錢的機會，只要你有錢，鍾情於任何標的下注都可以，尤其對於股市新手們來說，這是讓他們感受到完全自由的地方，他們興高采烈地帶著工作所賺來的錢，想要在這個既像賭場又像遊樂場的地方全力拚搏一番，希望賺取到額外的收入好讓自己變得更有錢。

　　對於第一次踏進股市世界的人來說，就像哥倫布發現了新大陸一樣欣喜若狂，尤其第一天買進股票的當晚，往往會興奮到睡不著覺，擁有了這些股票，對未來充滿憧憬與希望，所有的美好彷彿都將從這裡開啟一一實現。這種如夢似幻的感覺，人人都有，只是幻想破滅的時間，有人維持很長而有些人甚短，更有人只沉浸短暫一晚罷了。

　　期貨市場的賭徒們，下的注又可能比現貨市場大一些，因為期貨商品普遍具有高度槓桿的特性，這是有潛在贏一注就財富翻倍的遊戲，當然，若輸一注也可能會全賠光，對於年輕人來說並無所謂，因為認為自己還年輕，可以回勞動市場賣力工作再賺一筆錢，之後還是可以繼續來光顧這些遊樂場，就像小時候儘管一次把錢花光，隔一段時間又有錢時，總會想再去一次遊樂場。

不，這次不一樣，因為這一次有機會能夠從遊樂場裡把錢賺回家，這樣的意義非凡！就算事後並沒有如願以償，儘管以賠光離場，但事隔一段時間之後，他們又會再次帶著「這次不一樣」的心情重新回到期貨市場，因為他們已經琢磨新的知識也學會新的操作技巧，和過去的自己相比，肯定不一樣！然而，期貨市場上演的故事其實並沒有太多戲碼，只是相同角色換不同人上場演出的頻率比較高罷了。唐代詩人白居易在一千兩百多年前所寫下的這一首詩，算是給期貨市場玩家們的最佳獻禮。

《賦得古原草送別》❶

離離原上草，一歲一枯榮。
野火燒不盡，春風吹又生。
遠芳侵古道，晴翠接荒城。
又送王孫去，萋萋滿別情。

年輕的玩家們可能沒有認清一個事實，賭場、期貨市場，和股票市場之間最大的不同，在於**賭場和期貨市場都是零和遊戲（zero-**

---

❶ 白居易於唐德宗貞元三年（西元787年）作。

sum game），**因為總賭金就是所有玩家們所投注的金額，贏的人賺走輸的人的錢**，短期來看輸贏機率似乎是 51 比 49（輸的機率稍微大一點，是因為有交易成本）但是長期待在賭場的結果，最後賺錢離場去享受贏來財富的人可能不到百分之二。事實是，**賭場本來就不是讓人們累積財富的地方，而是一種高消費的娛樂場所，最賺錢的應該是這個賭場。**

股票市場長期來說則相對有較高的勝率，因為屬於非零和遊戲（non-zero-sum game）。股票持有者們就是公司的股東，投入資金是讓公司去進行生產、營銷並產生利潤，然後將利潤與股東共享，因此市場的總值並不是固定的，而是隨著時間經過持續累積盈餘，讓股票的總值增加，這才符合「投資」的定義。**讓我們檢視期貨市場的三大功能：價格發現、避險、投機，會發覺裡面沒有「投資」這個項目，**如果年輕的賭徒們想要帶著金錢進入期貨市場做投資，那他們真的是跑錯地方了。全世界每一個賭場入口處都會貼有「未滿 18 歲禁止進入」的標語，期貨市場的入口處也應該擺一個「未滿 18 歲以及想要投資的人禁止進入」的標語才對。

儘管科斯托蘭尼早期在放空交易上獲利大筆金錢，也曾經在各種不同的期貨市場當中交易相當活躍，然而他最終加入了投資者的陣

營。在 1999 年他寫下《一個投機者的告白》原著時，已持有五百多種不同的股票，也好幾年沒有賣掉任何一種股票，並且持續買進一些。他說：「**我該誠實建議每位讀者加入投資者的行列。在從事證券交易的人當中，以平均水準來看，投資者的表現最好，因為即使是投機家，也只有少數是贏家。**」❷

　　儘管偉大投機家們也可能會透過期貨市場來交易，但他們和玩家們之間最大的不同之處，在於只有「捕捉到音樂，分辨出音樂的旋律」之下，他們才會進行交易，在沒有充分掌握市場的背景音樂之前，他們寧可等待、甚至長時間不交易；相對的，期貨市場的玩家們只要有了錢就想要把握任何一次可從市場中獲利的機會，每天只要市場有開市，他們始終汲汲營營凝神注視著獲利機會。事實上，期貨市場的玩家們普遍最終以賠錢收場的原由，就是來自於過度交易，尤其是在市場環境並不適合進場的時期內頻頻交易而一次虧光了之前所累積戰果的，時有所聞。

---

❷ 引自《一個投機者的告白》，第2章〈證券交易動物園〉。

戰爭與和平

科斯托蘭尼說：「**在歌劇或交響樂中，都有個主題，總是反覆出現，不斷在背景中迴盪。股市也有背景音樂，決定長期的發展趨勢，時間可能長達幾十年。在投機人士準備從中看出上漲和下跌的時段，從中獲利前，必須聽出背景音樂是大調，還是小調。這種背景音樂由兩部分構成：戰爭或和平，及長期的經濟發展。**」❸

全世界經歷了 2000 年科技泡沫之後，股市和經濟進行了長達近 3 年的打底與結構性調整，許多曾經與網路科技沾上邊的新創公司，隨著網路泡沫的破滅而銷聲匿跡，可能因為燒光了錢而倒閉、或者被其他公司合併或收購。那三年之間可說是近 20 年來最黑暗的時期，因為經濟衰退的時間比起 2008 年金融海嘯更久，影響層面也更為廣泛，儘管 2008 年的金融危機重創了金融業，然而經濟快速觸底而重新出發，股市空頭的時間也相對較短。

在 2000 年科技泡沫後的經濟衰退期間，也經歷了史上一個永難忘懷的重大事件：「911 恐怖攻擊」，時間發生在 2001 年 9 月 11 日

---

❸ 引自《一個投機者的告白》，第 5 章〈指數有什麼道理〉。

早晨，是由恐怖分子「蓋達組織」在美國本土所策劃的一系列自殺式恐怖襲擊事件。當天早晨，19名蓋達恐怖分子劫持了4架民航客機，其中兩架飛機分別衝撞紐約世界貿易中心雙塔，兩座建築均在兩小時內倒塌，臨近的其他建築也遭池魚之殃因此壓垮或毀損。另外劫機者亦迫使第三架飛機撞擊位於維吉尼亞州的美國國防部五角大廈，第4架飛機則於賓州墜毀（原本目標被認為是美國在華盛頓特區的國會大廈或者是白宮），4架飛機上均無人生還。

整起911事件的受害者達2,977人（包含1,115人失蹤或遺體未尋獲）。美國股市當日緊急宣布休市，並且在一週之後的9月17日才重新開市。襲擊事件發生後，美國政府處於高度戒備狀態，嚴防類似恐怖襲擊事件，並多次發布新一輪襲擊警報，其中包括了9月下旬在美國各地爆發的多起炭疽菌感染案件。

同年2001年9月底，英國首相安東尼・布萊爾（Anthony Charles Lynton Blair）援引西方情報機構手上證據指稱蓋達組織的首領奧薩馬・賓拉登❹為事件的幕後主使，並與阿富汗塔利班政權有密切關係。塔利班政權拒絕在無確鑿證據的情況下引渡賓拉登或蓋達組

---

❹ 阿拉伯語：أسامة بن محمد بن عوض بن لادن，西方媒體轉寫：Osama bin Laden。

織的任何一位頭目，因而，美國領導的聯軍在 2001 年 10 月 7 日對阿富汗發動軍事攻擊，展開對 911 事件的報復行動，同時也標誌著反恐戰爭的開始。聯軍官方指稱這場戰爭的目的是逮捕賓拉登等蓋達組織成員並懲罰塔利班對其的支援，直到 2011 年 5 月 1 日賓拉登被美軍擊斃，兩個月後美軍終於在 7 月開始逐步從阿富汗戰場撤出。

除了阿富汗戰爭之外，美國的反恐行動也在 2003 年發動了對伊拉克的戰爭（2003 年 3 月 20 日 － 2011 年 12 月 18 日），是以美國及英國軍隊為主的聯軍進駐伊拉克，並推翻以薩達姆・海珊❺為首的伊拉克復興黨政權的一場戰爭。**這是一場頗有爭議性的入侵戰爭，因為並沒有得到聯合國安理會的授權**，儘管美國政府宣稱有 49 個國家支援該軍事行動，但真正出兵到伊拉克作戰的國家只有美國、英國、澳大利亞和波蘭四國，丹麥政府宣布對伊拉克宣戰，並派遣了兩艘軍艦支援美軍，而日本等多個國家僅提供後勤支援。此一戰爭遭到俄羅斯、德國、法國、中華人民共和國、阿拉伯聯盟等多個國家政府的批評與譴責。

伊拉克戰爭爆發大約 3 個星期之後，美軍順利進入伊拉克的首都

---

❺ 阿拉伯語：صدام حسين；西方媒體轉寫：Saddam Hussein。

巴格達市區，途中並沒有發生任何大規模衝突，而伊拉克官員的突然消失，去向不明，大批伊拉克軍隊向美軍投降，伊拉克便陷入無政府狀態。自 2005 年以來，由美國所扶植的伊拉克政壇興辦了民主選舉，並在美國支持下開啟重建，然而這並沒有帶來理性的政治與平等，少數什葉派與財團掌控國家，遜尼派極端分子占地為王，使美軍與相關支援人員傷亡不斷。

2008 年歐巴馬以美軍撤出阿富汗的政見獲得美國民眾支持而當選美國總統，並終於在 2011 年 12 月 18 日正式撤退，結束了大部分的軍事行動。然而，美國入侵伊拉克的這一場戰爭，也引發部分中東民眾對於西方強權的嚴重反感，隨後「伊斯蘭國」❻於 2014 年興起，導致全球難民危機與恐怖主義擴散至歐洲，究其原因可說是由伊拉克戰爭挑起了紛爭，至此後患無窮。

從〔圖 8-1〕美國 S&P500 指數自 2000 年至 2003 年底的日 K 線圖（採用對數座標），我們可以觀察到，美國股市在經歷前述的戰亂之下，最低點雖在 2002 年 10 月出現，然而直到 2003 年 3 月伊拉克

---

❻ 阿拉伯語：الدولة الاسلامية في العراق والشام，英語：Islamic State of Iraq and al-Sham，簡稱ISIS。

圖 8-1　美國 S&P500 指數自 2000 年至 2003 年底的日 K 線圖
（採用對數座標）

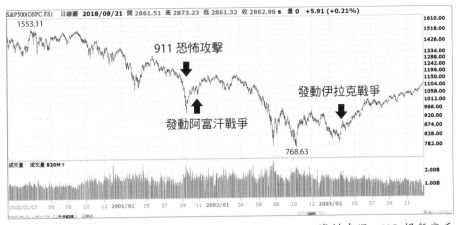

戰爭之後，美股才在經濟復甦的步調回溫之後，開始穩步向上邁向多頭。如同科斯托蘭尼所說的：「**投資者只要在某處嗅到火藥味，便不會投資股票。這時，每個人都希望自己的保險箱裡，有像黃金這樣的有形資產。**」❼ 美股上述的這一段空頭市場，伴隨著戰爭的背景音樂，股市打底的空間既深、時間也長，而美股的落底起漲點，甚至比許多新興國家還要來得晚些。

---

❼ 引自《一個投機者的告白》，第5章〈指數有什麼道理〉。

2003 年開始的和平大調

科斯托蘭尼在他長達八十多年的證券交易生涯當中，經歷過了諸多重大戰爭，例如第二次世界大戰（1939 年－ 1945 年）、韓戰（1950 年－ 1953 年）、越戰（1955 年－ 1975 年），還有美國和蘇聯之間的冷戰（1947 年－ 1989 年），因此對於戰爭期間的金融市場動盪已經司空見慣。然而，全球經濟從 2003 年開始的復甦，一直到 2007 年的股市高峰，可說是奏著和平的大調，如果他仍在世，肯定又會為他的財富創下可觀的紀錄、並寫下更多精彩動人的故事為後人所傳頌。

儘管美軍在阿富汗戰爭、伊拉克戰爭之後所駐守當地的軍隊一直到 2011 年才全數撤回美國，實際上主要的戰事在 2003 年 4 月已經底定，而美國經濟則是在 2003 年下半年開始持續增溫，此時相距 2000 年 3 月的科技泡沫破滅，已經長達 3 年以上的休養生息，美國大企業獲利則是從海外市場屢傳佳績，同時期以包括巴西、俄羅斯、印度、中國金磚四國❽為首的新興國家經濟快速成長，帶動了全球經濟的一

---

❽ 包括巴西、俄羅斯、印度、中國，英文簡稱BRICs，就是Brazil、Russia、India、China的開頭字母縮寫。

番榮景，而股市的漲幅更是可觀。

從〔圖 8-2〕至〔圖 8-4〕，我們可以觀察金磚四國的大盤指數從 2000 年至 2008 年之間的走勢，最低點至最高點的波段最大漲幅分別為 799%、1,821%、717%、513%，這只是股價指數的變動幅度，還不包含每年的配息、以及匯率升值的幅度（僅有俄羅斯 RTSI 指數是以美元計價，因此股匯相乘後的漲幅高達 18 倍之多）。儘管每一個國家的起漲點不同、高點出現的時間也不盡相同，然而基本上只要在 2003 至 2007 年之間有投資到新興市場相關股票型基金的投資人，至少報酬率都在 200% 至 300%，是許多人財富倍增的好時機。

在 2003 年至 2007 年期間美股表現也不俗，S&P500 指數從 2002 年 10 月 10 日最低點 768.63 點上漲到 2007 年 10 月 11 日高點 1,576.09 點，5 年之間的累計漲幅 105%，參見〔圖 8-6〕，這是不含配息在內的單純指數漲幅。而與美股連動性高的台股，從 2001 年 9 月 26 日最低點 3,411.68 點上漲到 2007 年 10 月 30 日高點 9,859.65 點，累計漲幅為 189%，這也是不含配息在內的單純指數漲幅，而台灣的股息殖利率在這段期間平均為 3% 至 4%，因此若加計配息還原後的總報酬率則超過 210%。在這段長達五年的全球景氣繁榮期間，股市的背景音樂顯然是和平的大調，歐美等成熟國家投資者提供了豐

圖 8-2　巴西 BOVESPA 指數自 2000 年至 2008 年底的日 K 線圖
（採用對數座標）

資料來源：XQ 操盤高手

圖 8-3　俄羅斯 RTSI 指數自 2000 年至 2008 年底的日 K 線圖
（採用對數座標）

資料來源：XQ 操盤高手

圖 8-4　印度 SENSEX 指數自 2000 年至 2008 年底的日 K 線圖
（採用對數座標）

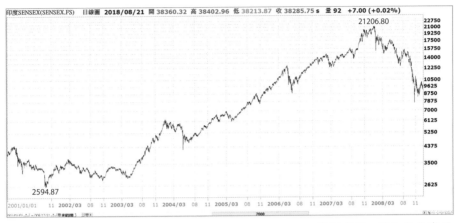

資料來源：XQ 操盤高手

圖 8-5　上證指數自 2000 年至 2008 年底的日 K 線圖
（採用對數座標）

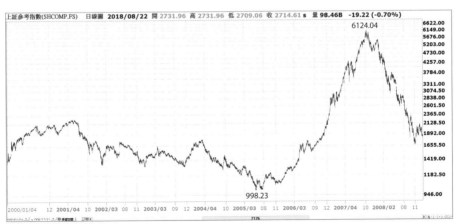

資料來源：XQ 操盤高手

圖 8-6　美國 S&P500 指數自 2000 年至 2008 年底的日 K 線圖
（採用對數座標）

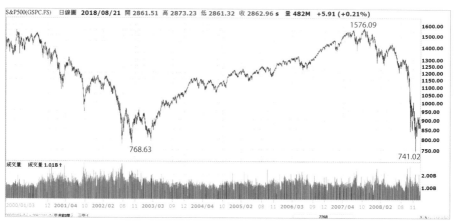

資料來源：XQ 操盤高手

圖 8-7　台股指數自 2000 年至 2008 年底的日 K 線圖
（採用對數座標）

資料來源：XQ 操盤高手

沛的資金投資到全球各地，刺激了新興國家的經濟成長動能，而經濟成長的果實反映在新興國家人民所得大幅提升、消費能力大增，進而購買更多來自歐美國家輸出的奢侈品以及金融產品。

　　上述期間是一段由歐美成熟國家與新興國家共同譜出的和平大調，基本上只要傻傻地抱著股票，沒有人會賠錢。投機頻繁進進出出看似多餘，因為只要中途離場之後甜美的大好行情便與之無緣，這有如在直線加速的賽道上，比的是誰敢把油門踩到底誰就贏的遊戲。然而，每個人心裡都清楚這是個有終點線的賽道，雖然沒有人能預知賽道的盡頭還有多遠，對於有經驗的人早已了然於胸，深信賽道的盡頭會是個懸崖，**散戶們普遍會認為「看到了終點線再煞車就好了」，而老手們真確明白，終點線往往是失速下墜時回頭才看得到。股市裡比誰膽子大的遊戲是新手專屬的遊戲，老手只會參與前半場，而在中場過後他們就會陸續默默離場看戲。**

2007 年美國金融業變了調

　　儘管是由新興市場國家經濟蓬勃發展所帶動的全球景氣擴張，股市長達近五年的榮景也仍然持續行進著，然而，美國的金融業者

卻從 2005 年開始悄悄地進行了一場前所未有的大規模金融遊戲，並釀成了 2007 年「次貸危機」，該危機全名為次級房屋借貸危機（Subprime mortgage crisis），是由美國境內的房屋抵押貸款違約和法拍屋急劇增加所引發，原本僅是美國境內房地產市場的泡沫，然而在 2007 年 4 月美國第二大次級房貸公司新世紀金融公司（New Century Financial Corporation）破產之後，危機正式由房地產市場蔓延到整體美國信貸市場，許多金融機構和他們的客戶損失慘重，金融資產的拋售潮持續擴延至全世界，進而演變為 2008 年稱為「金融海嘯」的全球性金融危機。

次級貸款（簡稱次貸）是指銀行針對信用紀錄較差的客戶所提供的房貸，其利率比一般房貸高二至三個百分點。美國的金融機構為了增加獲利，大幅推廣此類次級房貸，所依賴的是美國房屋市場的蓬勃發展，只要美國房價與景氣持續上揚，似乎不太需要擔心這個泡沫會有破滅的危機。銀行將錢借貸給實際上經濟能力或許是不足以償清貸款的人，然後把這些住房抵押貸款進行證券化，包裝為「住房抵押貸款證券」（Mortgage-Backed Securities，簡稱 MBS），並且再更進一步包裝成衍生性金融商品「債務擔保證券」（Collateralized Debt Obligation，簡稱 CDO），其程序是先混和了大量不同信用品質的 MBS，再透過財務工程的架構進行分割出售給全球的投資者和其他的

金融機構。

在這些房地產抵押貸款經過專業機構層層包裝以及切割轉賣的情況下，市場上大多數的投資者甚至機構法人都低估了潛在的風險，市場信評機構將這些衍生性金融商品多數評為 AAA 級，買家也以為自己可以透過信用違約交換（Credit Default Swap，簡稱 CDS）等手段規避風險，意思是把自己踩地雷的可能損失轉嫁給認為地雷不會爆的其他人，而賣家只需要付給買家不到十分之一的價錢，就可以在「萬一地雷真的爆了」當下全身而退。**在 2003 年至 2007 年的和平大調期間，多數人認為，美國的經濟以及房市的榮景會一直延續，地雷要在短期內爆炸的風險被認定微乎其微**，也因此，許多 CDS 設計為期一年的短期合約，讓買家更加篤定就算炸彈要爆炸，也不會是在自己腳下，應該是未來路過的人，總之不是自己。

經統計，2006 年底這些 CDO 與 CDS 合計的信用類衍生性商品市場規模來到了 50 兆美元的驚人紀錄，尤其從 2003 年到 2006 年之間爆炸性地成長了 15 倍，這個規模比起當時美國次級房貸總值僅有 1.3 兆美元相比，等於是被放大 40 倍的槓桿。全世界不少大型金融機構與高資產客戶都參與了這個遊戲，也就是「次級房貸不會出事」的賭局，除此之外更多人參與了衍生的賭局：為「那些認為次級房貸不

會出事的投資者」下注認為這些人真的不會出事。電影《大賣空》主要就是在描述 2007 年至 2008 年期間美國次貸危機引發全球金融風暴的歷程。

2008 年，美國房價開始轉向下跌，次級房貸出現大量的違約，那些住房抵押貸款證券失去大部分的價值，華爾街五大投資銀行之一的貝爾斯登公司（The Bear Stearns Companies, Inc.）旗下從事次級房貸的兩檔對沖基金出現鉅額虧損，負面消息不斷傳開，使得該公司大量流失客戶並且被迫賤賣各項資產，導致公司財務急遽惡化瀕臨倒閉的邊緣，這家創始於 1923 年的老牌公司已到命懸一線的警戒。2008 年 3 月 16 日，美國聯準會緊急出手，同意提供 300 億美元貸款支持摩根大通（JPMorgan Chase）收購貝爾斯登公司，這家近百年的企業才得以延喘。

然而，**美國房市的泡沫破滅連帶地衝擊了整體美國經濟，自 2008 年開始明顯下滑，而各大金融機構從次級房貸的虧損當中被迫大量認列損失，也持續地變賣資產，導致資本下降與金融價格下挫的連鎖效應**，這個惡性循環又波及另一家華爾街百年企業宣告破產：雷曼兄弟控股公司（Lehman Brothers Holdings Inc.）。該公司創立於 1850 年，是一家國際性金融機構及投資銀行，業務包括證券、

債券、市場研究、證券交易業務、投資管理、私募基金及私人銀行服務，亦是美國國庫債券的主要交易商，在它瀕臨破產時，美國聯準會並沒有比照對於貝爾斯登公司的方式緊急處理，而是選擇放手讓這一家巨型金融機構破產，骨牌效應至此比肩連袂蔓延整個金融圈，影響所及有如一顆核彈在華爾街被引爆。

在 2008 年 9 月 15 日雷曼宣布破產之後的短短幾個月之內，美國多家金融機構紛紛傳出危機，連鎖效應拖垮了全球的金融體系，

圖 8-8　美國 S&P500 指數自 2007 年至 2009 年 6 底的日 K 線圖
（採用對數座標）

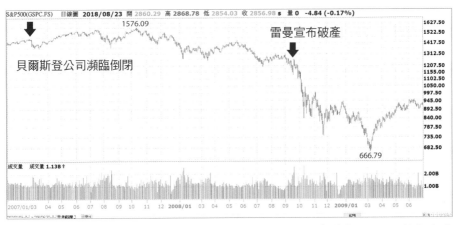

資料來源：XQ 操盤高手

造成世界各地緊縮信貸、全球股市崩跌，這就是 2008 年金融海嘯。從〔圖 8-8〕美國 S&P500 指數自 2007 年至 2009 年 6 底的日 K 線圖（採用對數座標），可以觀察到 2007 年 4 月貝爾斯登公司的瀕臨倒閉、以及 2008 年 9 月雷曼破產的威力，前者有美國聯準會出手相救，後者放手任其倒閉，對金融市場的衝擊截然不同。美股在 2008 年 9 月 15 日雷曼宣布破產之後的六個月之內，股價腰斬，而全球股市無一幸免於難，要說這是金融市場的核彈被引爆，一點也不為過。很諷刺地，美國在 2003 年發動了對伊拉克戰爭，是基於美國認為伊拉克擁有「大規模毀滅性武器」，然而事後來看，這些所謂的大規模毀滅性武器從未在伊拉克被找著，倒是美國自己在華爾街引爆了一個。

當事後市場檢討這一段金融危機的原因眾說紛紜，一般認為有：低估了系統風險、道德風險、評級機構失職、金融監管缺失等等，然而實際上，若以科斯托蘭尼的智慧來說，**「暴漲和崩盤是分不開的搭檔」，和平大調演奏久了，早晚會變調**。市場的現實是，往往在和平大調當中，大家有錢賺的時候自然是皆大歡喜，一旦出事，則爭相而逃，所有在和平大調時期的謙恭有禮，反觀當變奏音調揚起後彷彿變成了另一個人似的六親不認。**在華爾街，沒有永遠的朋友，只有永遠的利益。**

─第 9 章─

暴漲和崩盤
是分不開的搭檔

判斷進場及離場的最佳時機

「……金融史上經常發生這樣的事情：欣欣向榮的證券交易和源源不斷流入的資金及融資，膨脹成巨大的氣球，被針刺中就會爆炸。」

——科斯托蘭尼，《一個投機者的告白》，
第 9 章〈暴漲和崩盤是分不開的搭檔〉

2007 年當美國發生次貸危機之時，新興市場經濟仍蓬勃發展，金磚四國在 2007 年度的表現相當亮麗。**房地產市場具有地域性，美國的房地產泡沫屬於境內市場過度貸放所引起，理應自己國家的泡沫自己清理**；然而，時值 2008 年雷曼開始搖搖欲墜之際，全球金融體系卻為之繃緊神經，自 2003 年至 2007 年股匯雙漲累計平均漲幅將近 10 倍的金磚四國，到了 2008 年所引發拋售的賣壓可不小於美國本土。

　　從〔圖 9-1〕至〔圖 9-4〕，我們可以觀察巴西、俄羅斯、印度、中國四國的大盤指數從最高點至最低點的波段最大跌幅分別為 60.18%、80.28%、63.70%、72.81%，皆大過了震央的美國本土（美國 S&P500 指數的波段最大跌幅為 57.69%），而以上金磚四國股市的跌幅純粹僅計算指數變動率，並未將匯率大幅度貶值的影響也計入（僅有俄羅斯 RTSI 指數是以美元計價，有反映俄羅斯盧布對美元的貶值程度在內），否則海外投資人持有這些當地股市的損失（股市崩盤加上匯率劇貶）實際上會嚴重得多。

　　經驗不足的新手們或許會納悶，金磚四國擁有龐大的人口成長與消費能力擴增，經濟繁榮足以支撐來自海外的衝擊，理應，不至於損傷超過了位處於風暴核心的美國。事實上，你必須理解科斯托蘭尼所說的：**「這是個永恆的法則：每次證券市場中的崩盤和潰散都以暴漲**

圖 9-1　巴西 BOVESPA 指數自 2007 年至 2009 年 6 月底的日 K 線圖
（採用對數座標）

資料來源：XQ 操盤高手

圖 9-2　俄羅斯 RTSI 指數自 2007 年至 2009 年 6 月底的日 K 線圖
（採用對數座標）

資料來源：XQ 操盤高手

圖 9-3　印度 SENSEX 指數自 2007 年至 2009 年 6 月底的日 K 線圖
（採用對數座標）

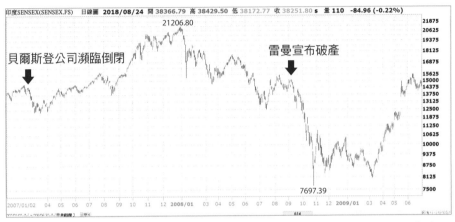

資料來源：XQ 操盤高手

圖 9-4　上證指數自 2007 年至 2009 年 6 月底的日 K 線圖
（採用對數座標）

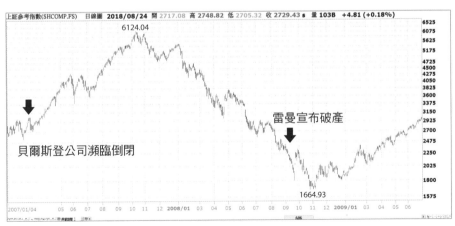

資料來源：XQ 操盤高手

為前導，而每一次的暴漲都以崩盤收尾。證券市場四百年來的歷史便是一連串由暴漲和災難所交織成的。」❶

　　美國房地產泡沫破滅只是壓垮了駱駝的最後一根稻草，2003 年至 2007 年新興市場股匯市暴漲的榮景本身已經種下了日後崩盤的禍因。如要花工夫去探究每一次崩盤的最後一根稻草，是白費力氣，理解「暴漲和崩盤是分不開的搭檔」這項原則，將可以幫助你在回顧百年來歷史時得到驗證，這則真知灼見可以事先洞悉每一次股災，發生前即從容離場，並且適用於任何一個市場。事實上，未來無論是股票市場、債券市場、外匯市場、能源及原物料市場，還是房地產市場，都遵循這恆久不變的模式，在盛衰循環當中不斷地重演著。

　　因為人性使然，人們不自主地在金融市場當中被貪婪與恐懼的情緒所引導，最後做出脫序的行徑，因而自然交織出如此樣貌的市場規律，就好比大多數的自然法則一樣，難以抵擋，**除非人性被磨滅了，否則這樣的盛衰循環在市場上會永遠存在。**

　　至於要如何避開這種盛衰循環所帶來的傷害？以下提供幾個根據科斯托蘭尼智慧所延伸的方法，做為優雅轉身離場的參考。

---

❶ 引自《一個投機者的告白》，第8章〈暴漲和崩盤是分不開的搭檔〉。

1・觀察資金潮汐何時退潮

當全球三大央行同步採取緊縮的貨幣政策，全球市場流通資金潮汐勢必轉為退潮，股市的榮景也將難以持續太久。例如，美國聯準會於 2015 年 12 月開始進入升息循環，到 2018 年底已經連續三年升息，而歐洲央行預計在 2018 年底結束量化寬鬆政策、並為 2019 年秋季之後的升息預做準備，因此，當全球的潮汐愈來愈逼近漲潮的尾聲，投資者就可以主動將持股水位降低、保留更多的現金部位。

儘管在本書問世的 2018 年第四季，全球股市或許還沒有明顯地由多翻空，然而也因為資金閘門已經啟動將要關起之際，股市剩下的上漲空間也將愈來愈受限，即便採取較低的持股水位可能會在多頭行情的尾聲使獲利相對減少，然而這層防患於未然的安全網，將有助於在股市急遽修正來臨之時，讓傷害降到最低，而且保有大多數的本金可以在未來達谷底之際成為逢低撿便宜的充沛資金。

市場上多數的老手們並不擔心在行情的最末端少賺錢，因為他們知道，兼籌並顧將資金保留下來做為存糧，度過景氣寒冬，**將來在股市谷底進場買進的一塊錢，可以值下一次景氣循環高峰時的兩、三塊，甚至更多。有水當思無水之苦，在一片歡欣鼓舞聲中，保留一些**

餘裕，將成為未來輸贏的關鍵，因為每每股市崩盤之後的低點，市場上多數人並不是沒有看到，而是真正谷底來臨之時，早已斷氣離開市場，或者沒有資金可以撿便宜，只能眼睜睜看著好標的被有資金的贏家們大量收走。

2·狗超過主人太遠時減碼

當我們重新檢視〔圖 7-7〕美國 S&P500 指數自 2008 年以來至 2018 年 8 月 24 日的日 K 線圖（採用對數座標），並且試圖用一條上升的軸心線來貫穿自 2003 年以來的走勢，如〔圖 9-5〕所示，這一條長達 9 年多來的軸心線，可以視為帶狗散步的主人走勢，往往股價指數偏離了這條軸心太遠的時候，清晰可見屢屢出現較大幅度的回檔修正。

事實上，**每一次的股市崩盤，都是先由漲多的回檔修正做為開頭**，有時候只是漲多後的回檔，當股價下跌做修正後，市場重新檢視多頭的基本面並無明顯改變，股價自然重新回到上漲動能、再次挑戰新高；然而如果市場上人們發現基本面已經出現疑慮，之後反彈往往也就相對後繼無力，再隨著時間經過，人們更確信基本面已有翻空的

圖 9-5　美國 S&P500 指數自 2008 年以來至 2018 年 8 月 24 日的
　　　　　 日 K 線圖（採用對數座標）

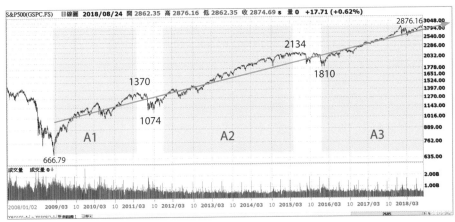

資料來源：XQ 操盤高手

跡象，隨著反彈結束、空頭開始，之後的大跌也就是空頭的主跌段大
修正了。

3・觀察固執的投資人動向

　　固執的投資人主要代表包括股神華倫・巴菲特，以及他亦師亦
友的合夥人查理・蒙格（Charlie Munger），還有掌握大額資金的資

產管理機構主要決策者，例如管理最大美國退休金部位的美國橡樹資本管理公司（Oaktree Capital Management）董事長霍華・馬克斯（Howard Marks）、全球最大避險基金之一的橋水聯合（Bridgewater Associates）創辦人瑞・達利歐（Ray Dalio）為代表。

以上幾位仍在世的投資大師們，在市場上的資歷平均長達近 50 年，因此已經目睹過多次的全球景氣榮枯循環，走過股市的興衰更迭，他們自己本身的經歷就足以寫成好幾本股市的歷史教科書，由於他們對股市的評論往往直截了當，並且常常以實際的行動（投資部位的調整）來佐證他們的立場與觀點，因而更加動見觀瞻。

當這些固執的投資大師們開始表達股市已經過熱，或缺乏更多的投資機會，或者他們想要保留更多的現金，降低投資部位將是你最好的選擇，為之後的股市可能修正而預做準備，往往事後市場會驗證他們的觀點是對的，儘管不是馬上（因為他們看得很長遠，所以也不應該會是馬上被驗證），然而**經年累月下來，時間早已成為他們最好的戰友，也因此，時間總會站在他們這一邊，證明他們是對的。**

股市新手們儘管不需要完全按照這些大師們的觀點去做跟隨的動作，因為短線上未必一定有利（因為短線上有太多其他非基本面的因

素干擾，會使股價與實際價值出現背道而馳的走勢），但是長線上與他們對做的勝率幾乎微乎其微，重點在其所持有的部位大到足以影響金融市場的表現，而且這些偉大投資家們分析判斷的依據往往英雄所見略同，毋庸置疑其結論也多有雷同之處。

4·運用科斯托蘭尼雞蛋

我們可以再次檢視〔圖 9-5〕，當中明顯可以觀察到自 2016 年 2 月以來的多頭已經來到「科斯托蘭尼雞蛋」所謂的 A3 階段，在這個階段，也就是長期多頭循環的最後一波上漲階段，相當於「艾略特波浪理論」（Elliott Wave Principle）❷當中的第五波末升段，常見的特徵就是整體股市的成交量異常活躍，股票持有的人數達到高峰，市場當中的好消息頻傳，一片歡欣鼓舞。

無論以「科斯托蘭尼雞蛋」或以「艾略特波浪理論」來檢視自 2009 年以來的將近 10 年美股走勢，或者台股走勢，都已經來到最後

---

❷ 艾略特波浪理論是證券技術分析的主要理論之一，由艾略特（Ralph Nelson Elliott）在1938年發表於《波浪理論》著作，至今在全球有廣大的愛好者。

圖 9-6　台股指數自 2008 年以來至 2018 年 8 月 21 日的日 K 線圖
（採用對數座標）

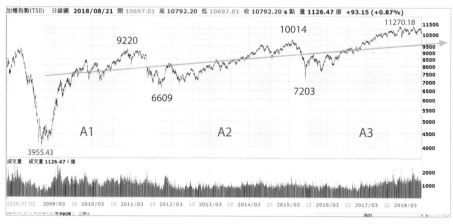

資料來源：XQ 操盤高手

一波多頭的尾聲。從〔圖 9-6〕台股指數自 2008 年以來至 2018 年 8 月 21 日的日 K 線圖（採用對數座標）可以觀察到成交量已經在 2018 年的上半年來到高峰，除非之後再度出現多次的單日 2,000 億元以上大量，否則將難以支撐股市再創新高。即便未來爆出 2,000 億元至 2,500 億元之間的更大量來推升指數再度創下波段新高，這同時也警示吸引為數更多的散戶參與其中，籌碼又愈加凌亂，股市已然隨時有反轉向下走空的可能。

5 · 留意股市的背景音樂

　　按照科斯托蘭尼所說：「**背景音樂由兩部分構成：戰爭或和平，及長期的經濟發展。**」❸ 在 2011 年美國從阿富汗及伊拉克正式撤軍之後，至今發生的國際級重大戰爭並不多，僅有 2011 年持續至今的敘利亞內戰、以及 2014 年的克里米亞危機。

　　敘利亞內戰是敘利亞政府與敘利亞反對派之間的衝突，受「阿拉伯之春」影響（自 2010 年 12 月突尼西亞一些城鎮爆發民主運動以來，阿拉伯世界一些國家民眾紛紛走上街頭，要求推翻本國的專制政體的行動），敘利亞的反政府示威活動於 2011 年 1 月 26 日開始，並於 3 月 15 日升級演變成了武裝衝突，在西方國家（特別是美國）和遜尼派國家協助下，要求總統巴沙爾·阿薩德❹下台的敘利亞反對派迅速壯大並建立自己的武裝力量，反政府衝突最終演變成內戰並一直持續至今，總計死亡人數已超過 40 萬人、逾 400 萬人淪為難民。**敘利亞內戰可視為美國為首的西方國家與中東國家之間的利益衝突**，因各有盤算，以至於 2011 年至今已經長達 7 年多來皆無法底定，而俄

---

❸ 引自《一個投機者的告白》，第5章〈指數有什麼道理〉。
❹ 阿拉伯語：بشار الأسد Baššāral-ʾAsad，英語：Bashar Hafez al-Assad。

羅斯也介入其中。

2014 年 2 月至 3 月期間發生的克里米亞危機，原屬於烏克蘭領土的克里米亞在俄羅斯的干預下爭取獨立，並且在獨立公投通過後併入了俄羅斯。西方各國領導人和北約對於事件予以譴責，直指這是非法併吞烏克蘭領土，此事件導致當時的八大工業國組織其他成員國暫時凍結俄羅斯會籍，及後對俄羅斯實施制裁，美俄關係及歐俄關係自此陷入低迷。

無論是敘利亞內戰或克里米亞危機，皆看得出美國與俄羅斯在其中的角力，然而，美國並未直接派兵參戰，除了在國際上發言的相互較勁之外，美俄之間沒有實質武力衝突，這也使得自 2009 年以來的美國股市多頭並未受到任何干擾，我們可以說，股市的背景音樂仍以和平的大調為主軸。

然而，美國總統川普在 2018 年 3 月 1 日公開宣布要求進口至美國的鋼、鋁課稅，掀起了貿易戰爭的序幕，國際上明顯將此事件指向美國目的在防堵中國崛起的反制措施，而中國股市則自 2018 年 1 月下旬開始大幅度向下修正，在中美貿易戰未取得結論之前，不確定因素將持續壓抑中國股市表現，進而拖累了其他新興市場復甦的信心與

腳步，反觀獲得主導優勢的美國，景氣持續繁榮，美股一枝獨秀。

即使在 2018 年第 3 季，美股仍頻創歷史新高，並且刷新了有史以來最長的一次多頭紀錄，然而盛衰循環永遠存在才是不變的定律，儘管美股當前情勢大好，也總有盡頭。引用約翰·坦伯頓❺一句流傳在全球金融市場上近百年至理名言：**「行情總在絕望中誕生，在半信半疑中成長，在憧憬中成熟，在充滿希望中毀滅。」**這是判別股市背景音樂另一個明確精闢的見解，也可以做為我們判斷美股何時該華麗轉身的參考依據。

6·在暴漲之時提前離場

通常「暴漲」的定義是價量俱揚、而且價格在短期間內有逼近瘋狂般的急漲現象。以台灣加權股價指數為例，我們可以檢視 1997 年、2000 年、2007 年這三次多頭尾聲的「暴漲」情形，以做為判斷何時該從容離場的參考。

---

❺ John Templeton（1912年11月29日－2008年7月8日）是坦伯頓集團的創辦人，《富比士》雜誌（*Forbes*）稱他為「全球投資之父」及「歷史上最成功的基金經理之一」。

由〔圖 9-7〕台股指數自 1996 年至 1997 年底的日 K 線圖（採用對數座標）可以觀察到三次的量價俱揚時期，台股指數幾乎是連續上漲一至兩個月、沒有明顯的拉回修正，而成交量達到最高峰之後，儘管股價續創新高（或者維持在高檔），但成交量沒有繼續放大，往往伴隨著之後會有較明顯的股價回檔出現。當時成交量的最高峰出現在 1997 年 7 月 17 日的 2,971 億元，指數的最高點則出現在 1997 年 8 月 27 日而當日成交量卻僅剩下 1,983 億元，這是技術分析者所謂的「量價背離」而且長達一個多月，事實上，**當成交量出現最大量之後，指數續創新高而成交量萎縮的期間，往往就是該轉身離場的最佳時機。**

　　由〔圖 9-8〕台股指數自 1999 年至 2000 年 6 月底的日 K 線圖（採用對數座標）可以觀察到兩次的量價俱揚時期，同樣也是成交量出現最大量之後的一個月內指數續創新高，而成交量卻呈現萎縮狀態，之後指數都出現了較大幅度的拉回。

　　由〔圖 9-9〕台股指數自 2006 年至 2007 年底的日 K 線圖（採用對數座標）也可以觀察到三次的量價俱揚時期，在 2006 年 4 月至 5 月的急漲之後，爆出單日近 2,000 億元的大量後尖頭反轉，很快跌到了當年度最低點 6,232.49 點，接著發動長達一年的多頭，期間在 2006 年 12 月底、以及 2007 年 7 月底兩次出現量價俱揚的暴漲走

圖 9-7　台股指數自 1996 年至 1997 年底的日 K 線圖
（採用對數座標）

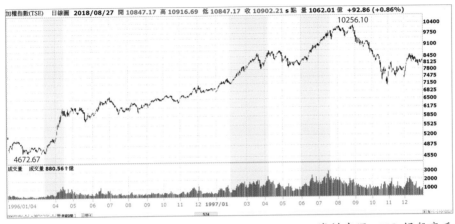

圖 9-8　台股指數自 1999 年至 2000 年 6 月底的日 K 線圖
（採用對數座標）

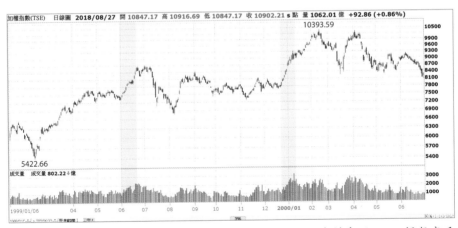

圖 9-9　台股指數自 2006 年至 2007 年底的日 K 線圖
（採用對數座標）

資料來源：XQ 操盤高手

勢，之後指數也都出現了較大幅度的拉回。

　　以上的六種方法彼此相輔相成，因為儘管方法不同，但是道理相通。**大道至簡，而股市背後的道理就是人性，只要人類無法擺脫貪婪和恐懼的天性，那麼股市的暴漲和崩盤將是永遠分不開的搭檔。**

投機家的交易原則

《一個投機者的告白實戰書》總結

「真正的證券交易知識，是那些當大家忘記所有細節後留下來的東西，大家不需要無所不知，而是要理解一切，在關鍵時刻指出正確的內在關係，並採取相應行動。大家必須像雷達一樣捕捉重要事件，正確解釋內在關係，並且獨立思考。」

——科斯托蘭尼，《一個投機者的告白》，
第 10 章〈從預言家到顯示幕的訊息叢林〉

本章歸納出科斯托蘭尼的智慧運用在金融市場實務操作上的幾個交易原則，希望有助於讀者們績效的提升與實力的精進。這些原則也和市場上幾位知名的投資大師們的觀點有異曲同工之妙，因此會交叉援引，以達到相輔相成的效果。

1・理解市場背後的邏輯

　　科斯托蘭尼說：「**真正的證券交易知識，是那些當大家忘記所有細節後留下來的東西，大家不需要無所不知，而是要理解一切，在關鍵時刻指出正確的內在關係，並採取相關行動。**」❶

　　這裡所謂的「不需要無所不知，而是要理解一切」是指我們並不需要確切去記錄每一次股市多頭和空頭的歷史以及背後所發生的種種原因，而是要去理解那些存在股市中不變的道理，例如暴漲和崩盤是分不開的搭檔、股價走勢並不會是一直線而是呈現出主人帶狗散步的關係、固執的投資者與猶豫的投資者的關係以及他們的動向對於市場有何影響等等，**這將有助於我們節省下了大量而且必要研究的枝微末**

---

❶ 引自《一個投機者的告白》，第10章〈從預言家到顯示幕的訊息叢林〉。

節的時間，而將真正有用的投資智慧內化成為自己交易原則的一部
分。

　　全球最大的避險基金——橋水聯合基金創辦人瑞・達利歐在《原
則》一書中提到：「原則是基本原理，可以做為行為的基礎，使你得
到生命中想要的事物。你可以一次又一次在類似的情況下應用，幫助
你實現目標。我們每個人天天都得面對紛至沓來的問題。沒有原則，
我們將被迫對個人生活中的所有事物個別做出反應，就好像我們第一
次體驗到每件事一樣。相反地，如果把這些情況分類，並且有好的處
理原則，就可以更快做出更好的決策，因而獲致更好的生活。」❷ 這
個觀點就和科斯托蘭尼在前述的論點當中所說的「在關鍵時刻指出正
確的內在關係，並採取相關行動」道理相通。

　　對於股市交易而言，我們非完全不該花時間去研究股市過去的歷
史，而是應該將重點放在發生事件的當下對市場所造成的波動反應，
彙整歸納出正確的內在關係，而非事件本身的諸多細節。科斯托蘭尼
說：「**正如莫里哀（Molière）所寫的：『一個懂得很多的笨蛋，比**

❷ 引自瑞・達利歐著，《原則》（*Principles*），導言。

無知者還要加倍愚蠢。」」❸ 一個人就算把過去的股價走勢圖以及所有歷史上發生過的事件倒背如流，也無法在未來的市場當中交易獲利，因為歷史事件從來不會以相同樣貌重複發生，而且市場的機制和交易模式不斷在進化（例如透過電腦系統程式交易占整體市場總交易量的比重在過去 20 年大幅提升），但是市場如何去反應這些事件，追本溯源皆以人性為依歸——人性經過數百年來並沒有顯著的進化。無論發生什麼事情，事情本身並不重要，重要的是人們如何去解讀這些事件以及接續而來的市場情緒反應。

在拙作《高手的養成：股市新手必須知道的三個祕密》書中提到「高手贏在策略，不在預測」也是相同的道理。真正的頂尖高手，是清楚知道「若觀察到什麼跡象，就該做什麼事」、「若市場透露出什麼樣的反應，就該做什麼事」，必須要以市場為中心，花時間去解析市場背後各種正確的內在關係，因此可以在任何事情發生的第一時間，就採取正確的行動。

偉大的投機家們普遍都熟知了市場上的各種正確內在關係，他們了解不同的事件，無論是政府的貨幣政策或財政政策、社會事件、政

---

❸ 引自《一個投機者的告白》，第12章〈用別人的錢交易的投機者〉。

治衝突、軍事衝突、國際貿易摩擦等等，對於股市真正的影響會有多大、多深，當事件發生的第一時間，他們會去**觀察市場上人們的解讀以及行為，並且去比對這些行為和認知是正確、還是有所偏誤？並且根據這些比對判斷的結果，倘若發現市場價格短期出現偏差的時候，隨即做出正確的投資決策從中獲利**。例如，在人們對一個事件過度反應而造成在市場超賣的狀態下去做買進動作，或在人們對於一個利多事件過度樂觀而瘋狂追價時去做賣出動作。只要價格從偏差的狀態下恢復到正常，這之間的價差便是有利可圖的契機。

　　例如，在 2018 年 3 月 1 日美國總統川普在白宮召開臨時會議，宣布將對鋼材和鋁材進口分別徵收 25% 及 10% 的關稅，這無異於為國際的貿易戰揭開了序幕。在此消息見諸新聞之際，全世界股市並無明顯的反應，然而我的判斷是市場低估了這個事件為後續帶來的影響，因為美國執意不顧國際反彈聲浪所掀起貿易戰，必然是根據一連串的政治謀略所採取的行動，其最終目標勢必矛頭指向中國（顯而易見美國最大的貿易赤字來自中國），鋼鋁課稅僅是第一步，絕對不會只是單一事件，從過去歷史經驗可知貿易戰往往歹戲拖棚，對股市的衝擊並非只有一天或一週。因此，在判斷出市場低估了這個事件的衝擊之後，隔日（2018 年 3 月 2 日）即建議讀者們將總持股降到 20%以因應貿易戰所帶來的衝擊。

由〔圖 10-1〕上證指數自 2018 年以來至 8 月底的日 K 線圖可以觀察到，2018 年 3 月 1 日晚間美國總統川普宣布將對鋼材和鋁材進口分別徵收 25% 及 10% 的關稅之後，中國股市初期並無反應，因為進口鋼鋁到美國的主要國家是加拿大和歐盟，中國僅排名第十一，然而隨著川普更明確將矛頭指向了中國（也因此後來人們將其定調為「中美貿易戰」），市場才適時反應，至此中國股市連跌長達半年之久。

如何培養與建立這些金融市場投資的原則？最有效的方法，是投

圖 10-1　上證指數自 2018 年以來至 8 月底的日 K 線圖

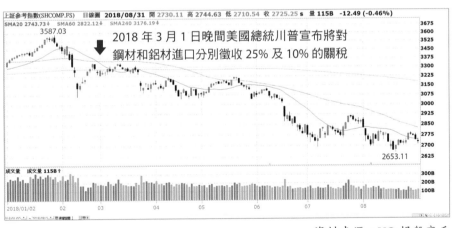

資料來源：XQ 操盤高手

機者必須建立並且維護自己的交易紀錄，在每一次無論是買進或賣出的動作之前，一定要先寫下判斷的依據和理由以及下單規畫，然後才去做執行下單的動作，並且在事後把交易結果記錄下來，據以進行事後的追蹤檢討、擬定修正自己的判斷模式，這也就是一種「PDCA」的循環❹。

對於金融投資領域來說，無論是好的經驗或者壞的經驗都是經驗，殊不知虧損的經驗重要性又高過了獲利的經驗，經由對這些犯錯經驗的檢討，才得以修正並強化自己的整套模式，成就未來更穩定獲利的基石。傑出的投機家並不聚焦在賺賠的金額上，而是檢視每一次獲利或虧損的判斷過程是否正確？該如何改進？科斯托蘭尼說：「**任何學校都教不出投機家，他的工具，除了經驗外，還是經驗。**」❺

若想要讓自己的決策系統更加穩固而且值得信賴、成為更強大的投資家，就必須在每一次交易的過程前後確實執行 PDCA 並且記錄

---

❹ 美國學者愛德華・戴明博士（W. Edwards Deming）在1950年受邀於日本講習時，提出PDCA循環，就是由P（Plan,計畫）、D（Do,執行）、C（Check,查核）及A（Act,行動）四大步驟過程所構成的一連串追求改善精進的管理工具，有人稱為戴明循環（Deming Cycle）或戴明轉輪（Deming Wheel），早期應用於管理學，後來也被廣泛地運用到其他不同的領域。

❺ 引自《一個投機者的告白》，第2章〈證券交易動物園〉。

下來，唯有如此，個人的投資實力才會隨著時間經過而累積與提升，PDCA 的循環滾動愈多次，能力就會不斷地向上攀升，否則就算交易一千次，缺乏檢視、修正與改進，實力也未必會提升——而只是淪為一台勝率低於五成的下注機器罷了。

2‧永遠要做第二層思考

科斯托蘭尼說：「**對於每個人都讀到的大標題、企業消息、利潤數據、利潤預估和統計數字，我只了解一下而已，對這些並不特別感興趣，因為這些訊息都已經反映在指數上了，而且就像指數一樣，已經成為過去式。我的座右銘是，凡是證券交易所裡人盡皆知的事，不會令我激動。」❻**

因為股市有「既成事實」的現象，既然是大家都已經知道的事情，就不會再有額外獲利的機會。在股市裡，如果我們所想的、所做的都和一般普羅大眾沒有什麼兩樣，相對上就無法期待自己的績效會優於平庸水準，一生的財富水準也就難以擺脫現況。

---

❻ 引自《一個投機者的告白》，第10章〈從預言家到顯示幕的訊息叢林〉。

科斯托蘭尼曾引用戰爭為例子，**往往戰爭前的緊張情勢會讓股市下跌，正式開戰之後反而股市容易開始起漲，因為想賣的人都賣了，籌碼在固執的投資者手裡。然而，他提醒有一個例外：影響貨幣的事件，即使在未來也會有影響**，因為緊縮的貨幣政策通常會在未來的一年之內顯現出資金短缺的樣貌，導致股市面臨賣壓。基於此，當我們知道美國聯準會自 2015 年 12 月起的升息循環將持續到 2019 年不會停止，而歐洲央行和日本央行也預計將在 2019 年稍晚有升息可能的狀況下，全球股市所面臨的是整體金融市場資金的緊縮，2019 年若要持續有好的表現，難度就高了。

既成事實的現象也往往造成股市的利多出盡而下挫，例如 2018 年 1 月份，開年就有美國政府大幅減稅方案付諸於實施的超大政策利多，加上當時美國企業財報亮麗的基本面利多（當時美國 1 月財報季所公布的獲利平均創下兩年多來新高），然而，美股卻在 2018 年 1 月 29 日開始大幅度的下挫，到 2 月 9 日見到低點，在這短短兩週的期間內美股跌幅將近 12%，如〔圖 10-2〕所示，當時也同步引發了歐洲股市、日本股市、中國股市、甚至台灣在內的所有新興國家股匯市連袂重挫。

因為前述的利多集中在 2018 年 1 月份出現，市場普遍事先已

圖 10-2　美國 S&P500 指數自 2018 年以來至 8 月底的日 K 線圖

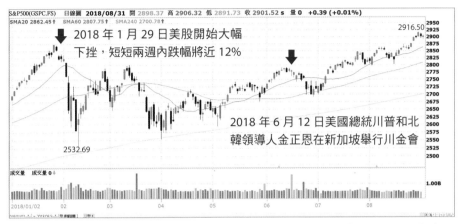

2018 年 1 月 29 日美股開始大幅
下挫，短短兩週內跌幅將近 12%

2018 年 6 月 12 日美國總統川普和北
韓領導人金正恩在新加坡舉行川金會

資料來源：XQ 操盤高手

經知道這些利多，因此所有想買股票的都買了，那麼還有誰會來買呢？反向思考就看誰先賣了。事後來看，2018 年 1 月底包括美國退休養老金在內的大型機構法人進行「**資產再平衡**」（Portfolio Rebalance），**也就是獲利了結帳上漲多的股票部位、轉入其他相對較低的債券部位**，因而有大量的股票部位被賣出，促發了連鎖性的賣壓，以及程式交易的停損單，遂釀成了急邃而來的一波股災。

另一個利多出盡的例子是川金會的國際政治利多，2018 年 6 月 12 日美國總統川普和北韓領導人金正恩在新加坡正式會面，為之前

紛擾多時的北韓威脅畫下句點。由於在川金會前一、兩個月市場就普遍預料，川金會之後朝鮮半島可能將走入非核化並且建立和平機制，股市隨著和平的大調在 6 月 12 日之前上漲了兩個多月，然而川金會結束後，美股卻出現明顯的獲利了結賣壓，連續跌到 6 月底左右才止跌回穩。

想要克服既成事實現象，超越市場上多數人的平均表現，就必須具有前瞻的思維、不能從眾、不能隨波逐流的堅決與果斷。橡樹資本管理公司董事長暨共同創辦人霍華・馬克斯在《投資最重要的事》強調了「**第二層思考**」的重要性。以下這段是該書當中的舉例：

第一層思考會說：「這是一家好公司，就買這一支股票吧！」

第二層思考則會說：「這是一家好公司，但每個人都認為這家公司很好，所以這支股票的股價被高估。市價過高，所以賣出！」❼

以台股為例，上市櫃公司在公布亮麗的營收數據之前，往往股價早已開始上漲，然而，等到正式公告數據之後，已是既成事實，股價

---

❼ 引自霍華・馬克斯著，《投資最重要的事》（*The Most Important Thing Illuminated: Uncommon Sense for the Thoughtful Investor*），第1章〈學習第二層思考〉。

反而可能會利多出盡而下跌。因為**一家公司的營收若有大幅成長，公司裡的經營管理階層、上下游供應商、公司裡的員工、甚至同業競爭對手們也都會知道，不用等到營收公布**。另外，就算是不屬於上述的相關人士，熟悉個股技術分析與籌碼分析的人，也能夠根據營收尚未公布之前的籌碼流向（例如公司大股東、或者主力大戶的大額買進）或者技術面所呈現的「價漲量增」判斷出來，預先進場卡位，而等到營收公布之後，全市場所有人都知道了，該買的人也都買了，想當然耳，在營收公布後股價隨即可見獲利了結的賣壓。

在拙作《高手的養成：股市新手必須知道的三個祕密》當中，詳實剖析「金融市場不是多數決，而是少數決」這涵義。由於在市場上，為數眾多的散戶們資訊通常較不完整甚至缺乏，而相對地，主力大戶或者大型機構法人雖然是少數人，但卻擁有較多的資訊，當股票在換手的過程當中，總是擁有較多資訊的一方占有優勢，因而少數的 20% 交易者贏走了市場上 80% 以上的利潤。如果我們停留在第一層思考，也就是市場上 80% 的大多數人的思考，自然而然成為那 80% 的輸家（低於整體平均表現就是輸家，而我們只要買進持有大盤指數的 ETF 不動就可以獲得市場平均表現，至少不會排到後段班）。

要成為傑出的投機家，**必須留意觀察市場上大多數人的想法（也**

就是那 80% 的平庸者的想法），並統籌思考市場上人們普遍的想法，據此來擬定投資策略並且從中獲益。以台灣股市為例，最容易觀察出市場上多數投資人想法的方式，就是看技術分析所顯示的訊息，因為技術分析是一般散戶投資人最容易取得、也是少數能夠靠自己分析判斷的工具。

以〔圖 10-3〕台股指數自 2018 年以來至 8 月底的日 K 線圖為例，共有出現四次跌破年均線（240 日移動平均線）的狀況，而且每一次都伴隨著月均線（20 日移動平均線）與季均線（60 日移動平均

圖 10-3　台股指數自 2018 年以來至 8 月底的日 K 線圖

線）的下彎。主要受到中美貿易戰的影響，投資人信心不足，加上新興市場貨幣貶值蔓延效應使得新台幣兌美元也呈現弱勢，從技術面來看，台股指數在 2018 年這四次的跌破年均線，明示出散戶投資人的擔憂與拋售，然而，在全球資金潮汐尚未退潮之前，美股持續創下歷史新高，就足以支撐連動性高的台股指數維持在高檔不墜，因此每一次散戶投資人的恐慌，往往營造出撿便宜買進的好時機。

3 · 善用趨勢的力量

科斯托蘭尼說：「**在指數上漲過程中，即使是最差的投機人士也能賺到一些錢；而在指數下跌過程中，即使挑到好股票的人也賺不到錢。因此投資最看重的是普遍的趨勢，其次才是選股。**」❽

偉大的投機家關注全球總體宏觀面的狀況，據以掌握當下的主流趨勢，並且順勢操作，因為這是勝率最高的方式。例如經過 2008 年金融海嘯之後，美歐日央行接連實施量化寬鬆政策，大舉釋放資金到市場上，並且承諾無限量的挹注流動性直到市場明確復甦為止，一場

---

❽ 引自《一個投機者的告白》，第11章〈從證券交易所到交易股票〉。

有史以來最龐大的資金潮揭開全球股市的資金行情，從 2009 年回升走多頭一直到了 2018 年。在這段長達 9 年多的上漲趨勢當中，基本上只要不做空，除非選到非常差的股票，否則做多理應不太會賠錢；如果是選擇和大盤指數比較貼近的大型權值股，或者是指數型基金、ETF 等等，幾乎很難賠錢。

順勢而為，時間就會站在你這這邊，隨著時間經過，多頭時期的漲潮趨勢自然會推升股價不斷走高；反過來說，如果逆勢而為，站在與時間對立的一方，時間愈久對你愈不利。因此，**多頭市場不做空、空頭市場不做多，可說是投機家們的基本原則之一。**

至於如何研判趨勢是處於多頭還是空頭？一般而言，最常被使用來追蹤全球股市績效表現的指標，是 MSCI 全球指數（MSCI All Country World Index），如果這個指數在持續上升的趨勢當中，那麼我們就可以說全球股市處於多頭市場；反之，則是空頭市場。這個指數的組成可以參考 MSCI 網站[9]。全世界有將近 3.7 兆美金（超過 110 兆新台幣）是參考這個系列的指數在做資產配置，所以指標性非常高。

---

[9] MSCI網站位址：https://www.msci.com/acwi

當我們進一步細看 MSCI 全球指數的權重分布，可以明顯發現，美股占了過半數的比重（52.2%，截至 2018 年 6 月 30 日）。這也意味著，**只要「美股漲」，那麼有一半以上機率就代表「全球股市漲」；相反地，美股跌，全球股市普遍會是下跌的狀態。由於現在世界各地許多基金經理人都是進行跨國投資，所以整個全世界股市幾乎已經是融合成一個市場了。**尤其在 2008 年金融海嘯之後，美國率先走出衰退，經濟最為強勁，也因此，美股過去 9 年多來的累積漲幅也遠遠超越了指數權重中其他大多數國家，這使得美股占全球股市的比重愈來愈高。

依據「多頭市場不做空」、「空頭市場不做多」的基本原則，直到 2018 年 8 月底止，美股當中的 NASDAQ 指數，以及代表大型股的 S&P500 指數，還有代表小型股的羅素 2000 指數都仍持續再創歷史新高，因此，美股仍處於多頭，這也意味著全球股市仍屬於偏多的趨勢當中，在美股沒有轉向空頭之前，並不適合做空股市。否則，隨著時間經過，美股持續創新高而帶動了其他國家的股市上漲，做空者相對容易被軋空而導致虧損。**等到美股翻空，再開始持空方思考全球股市，肯定都來得及，實無需在美股仍頻創新高的階段冒險嘗試逆勢而為的空單。**

再按照歷史統計，美國、歐洲、日本這三大板塊的相關係數高達 70% 以上，是高度的正相關，尤其美股加上歐股及日股，已經占了全球股市約 80% 的市值，連動性相當的高，這也是為什麼只要美股漲，幾乎連動全球股市齊漲的原因。比較〔圖 10-4〕美國 S&P500 指數自 2009 年以來至 2018 年 8 月底的月 K 線圖，〔圖 10-5〕德國 DAX 指數同期間走勢圖，以及〔圖 10-6〕日經 225 指數同期間的走勢圖，就可以觀察到走勢高度相似的狀況（以上走勢圖皆採用對數座標）。

圖 10-4　　美國 S&P500 指數自 2009 年以來至 2018 年 8 月底的
月 K 線圖（採用對數座標）

資料來源：XQ 操盤高手

圖 10-5 德國 DAX 指數自 2009 年以來至 2018 年 8 月底的月 K 線圖
（採用對數座標）

資料來源：XQ 操盤高手

圖 10-6 日經 225 指數自 2009 年以來至 2018 年 8 月底的月 K 線圖
（採用對數座標）

資料來源：XQ 操盤高手

對於跨國操作的全球型基金經理人，尤其操盤資歷超過 10 年以上的資深經理人，一般來說都不會偏離對比指數（benchmark）太多，因為長期要贏，就必須要先跟上指數，才能夠進一步去尋求打敗指數的機會。也由於這些大型跨國基金的規模相當龐大（相當於固執的投資者），如果他們持續看多而且做多全球股市，而不做賣出的動作時，散戶投資人並沒有必要與國際主流趨勢對做。

4・判斷市場處於哪個階段

科斯托蘭尼說：「**全部的技巧，就在於判斷市場是處在哪個階段。經驗豐富的投資者憑著敏銳的觀察力，可以感覺到市場處在哪個階段，雖然他並不能每次都用言語表達出來。但正如沒有完美無缺的投機一樣，並沒有這方面的教科書，也不存在大家可以盲目利用的方法。因為假如真是這麼簡單，那麼每個人都可以在證券交易所裡討生活了。**」[10] 所謂「判斷市場處於哪個階段」可以參考「科斯托蘭尼雞蛋」的判斷準則。在 A1 的市場起漲階段，最容易判別出來的方式，是當空頭市場已經持續很長一段時間，又再度出現較大利空消息時，

---

[10] 引自《一個投機者的告白》，第9章〈「逆向」是成功的要素〉。

表現在股市並無繼續下跌，而是相對抗跌，這是一個「利空鈍化」的契機，代表行情已接近底部的徵兆，未來若出現重大利多，可能就會開始上漲。但是股市上漲的初期，成交量普遍較少，因為太少人參與股市，而且普遍都仍停留在對空頭市場的餘悸當中，對於進場買進感到恐懼且意興闌珊。

在 A2 的多頭中期階段通常成交量比 A1 階段放大許多，代表愈來愈多的人開始相信股市已經進入多頭市場，因而選擇勇於進場交易；在 A3 的多頭末期階段往往成交量暴增，在股市當中參與的散戶投資人爭相而至，而且為自己的獲利感到自豪而到處炫耀，通常就是行情即將來到高點反轉向下的徵兆。

相反地，B1 的修正初期階段，最容易判別的特徵就是股市經過很長一段時間的多頭上漲之後，儘管後來出現了重大的利多消息，然而股價卻反應平平、甚至有利多出盡的賣壓出現，這意味著市場上大家普遍都已經持有了過多的股票，卻沒有現金了（甚至有些錢是透過融資或借貸而來，這在多頭行情的尾聲最明顯），人們已無法再買進更多股票，只能期待更高的股價讓他們獲利了結出場，因此，即便有更多的利多消息出現也很難再刺激股價上漲。然而，這個階段固執的投資人已經對後市不再抱持太大希望，因此開始賣出股票，儘管景氣

可能還持續熱絡，然而股價已經開始初步的下跌。

在 B2 的空頭中期階段通常成交量比 B1 階段還要放大，代表更多人已經加入賣股求現的行列，這時候體質不佳的股票下跌速度非常快，幾乎沒有買盤支撐，但體質好的公司股價則呈現相對抗跌；在 B3 的空頭末期階段可能會出現成交量大增，因為市場上恐慌性的賣壓已經出現，形成人踩人的逃命現象，使用融資的散戶遭逢斷頭賣壓，被迫不計價位出清所有股票，因此在這個階段，就算體質很好的公司股價也無可避免慘遭牽連累及，形成強勢股補跌的狀況，也就是不論好公司爛公司的股票全部都被拋售，這往往就是跌勢的尾聲。

科斯托蘭尼說：「**小麥跌時，沒有買小麥的人；小麥漲時，沒有小麥。」⓫他所建議的買進股票的時機，是 B3 階段以及 A1 階段。**股市新手們通常難以理解為何 B3 階段股市還在空頭當中卻要進場承接股票？何不等到市場底部確立、開始進入到 A1 階段的多頭市場之後再開始買股票呢？

老手們普遍認清一個很重要的事實：大盤指數只是整體市場的平

⓫ 引自《一個投機者的告白》，第9章〈「逆向」是成功的要素〉。

均表現，是把最好的公司和最差的公司全部混在一起的加總平均。然而，好公司和爛公司的股價表現差異是非常大的，**往往大盤指數在 B3 階段時，體質好的公司股價已經來到 A1 階段；而當大盤指數進入 A1 階段時，那些好公司的股價已經漲到了相當於大盤指數 A2 的位置。**如果你沒有在 B3 階段就清楚哪些好公司的股票是被市場賤賣時，及時買進撿便宜，等到整體市場回到了 A1 階段時就已經漲到很高、顯然錯失有利的機會買點！

由〔圖 10-7〕台股指數在 2008 年至 2009 期間的日 K 線圖與〔圖 10-8〕是當時台灣存股族最愛標的中華電（2412.TW）在相同期間的走勢圖比較，可以發現在 2008 年金融海嘯期間的台股指數最深跌到 2008 年 11 月 21 日低點 3,955.43 點落底，然而中華電的股價則是在 2008 年 10 月 20 日即落底起漲，當台股指數一個月後在 11 月 21 日起漲當時，中華電的股價已經距離底部上漲超過了 13.3%。像這類型每年穩定配息而且股價穩定的公司，即便遇到景氣蕭條也不可能倒閉，卻逢金融海嘯的股災當中被錯殺，如果在股價被賤賣的時候沒有進場撿便宜，等到金融危機過了，股價很快地就恢復到了原有的水準，那時再進場已經沒有太大獲利空間了。

圖 10-7　台股指數在 2008 年至 2009 年期間的日 K 線圖
（採用對數座標）

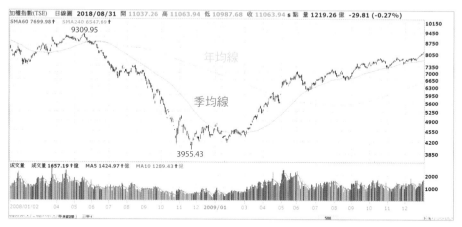

資料來源：XQ 操盤高手

圖 10-8　中華電（2412.TW）在 2008 年至 2009 年期間的日 K 線圖
（採用對數座標）

資料來源：XQ 操盤高手

5. 以偏多操作為主

　　科斯托蘭尼說：「**我賺了很多錢，但是其他人卻把錢賠光了。我的願望實現了，但發生在我眼前的景象，卻使我悶悶不樂，朋友、同事、所有我喜歡的人都垮掉了，他們在這場危機中，失去金錢，失去社會地位，不知道未來會如何。而我卻負擔得起任何夢寐以求的奢侈和享受，豪華飯店和餐廳，穿著制服的私人司機，一切都在眼前，因為我的錢包裝滿了錢，但是，其他人沒有和我在一起。美好的氣氛過去，歡笑逐漸消失，取而代之的是痛苦和糟糕的心情。我獨自一人，只有我自己……**」[12]

　　科斯托蘭尼在美國經濟大蕭條期間透過放空交易而獲得了巨額財富，但後來漸漸地發覺，儘管在做空獲得財富滿足，然而心境卻是如此地孤獨。一天豁然開朗明白，做空是悲觀主義者，一切獲利是建築在別人的痛苦上，何不跟大家一起賺錢，一起快樂呢？以上就是他最終加入牛陣營的心路歷程。

　　除了情感因素與憐憫之心以外，總體大環境也有所改變，在二次

---

[12] 引自《一個投機者的告白》，第9章〈「逆向」是成功的要素〉。

大戰之後，世界局勢的變化是以和平大調為主，儘管之後有發生韓戰、越戰，以及波斯灣戰爭，但相對比起第二次世界大戰來說，影響層面較小、而且戰場局限於亞洲或中東地區，並無發生在歐美本土，因此全球股市是漲多跌少的，與第一次世界大戰到第二次世界大戰之間的那段政局動盪截然不同，做空人士已無法再有那麼大的發揮空間了。

科斯托蘭尼說：「**一種股票最後可能上漲百分之一千，或甚至百分之一萬，但最多只能下跌百分之百。**」[13]這也是做多股市會比做空股市的報酬率高、風險低的另一個主要原因。就以 2008 年金融海嘯過後，2009 年至 2018 年這期間長達 9 年多的股市多頭市場來算計，美國 S&P500 指數的累積漲幅已經超過了 337%（由 2009 年 3 月 6 日低點 666.79 點上漲至 2018 年 8 月 29 日高點 2,916.50 點），這僅是美國 500 檔大型股的平均表現，而有些小型股或者科技股在這一段期間的漲幅已經超過了百分之一千。然而，從〔圖 10-4〕美國 S&P500 指數自 2009 年以來至 2018 年 8 月底的月 K 線圖當中可以觀察到，這段期間每一次的回檔修正，最大跌幅沒有一次超過 20%，很顯然地，做多的勝算遠比做空大得許多。

---

[13] 引自《一個投機者的告白》，第9章〈「逆向」是成功的要素〉。

6 · 打斷與成本的連結

科斯托蘭尼說：「**股票價格是貴，還是便宜，取決於基本數據和企業的發展前景。按照這種標準，投機人士必須盡可能客觀評價一種股票，至於是什麼時候進場的，並沒有太大作用，證券市場不會顧及這一點。即使已經上漲 1,000% 的股票，仍可能值得購買，而已跌了 80% 的股票可能還是不值得買進。」⓮**

市場上不少投機者有「成本的心理障礙」，也就是太過於以自己的買進價格為中心，做為衡量標的是好還是壞的標準。例如賺錢了就高興，覺得標的很好；賠錢了就很難過，覺得標的很差勁。事實上，成功的投機家們並不會以自己的損益做為評價標的好壞的基準，因為即便是好的標的買在錯的時機也可能賠錢，而差勁的標的若恰逢其時買在對的時機卻是賺錢，尤其以極短期來看，運氣成分的比重又大過了基本面。

在科斯托蘭尼的眼中，標的並沒有好壞之分，只要能夠投機就是好標的，和標的物本質好壞無關。**這是投機與投資最大的不同之處：**

⓮ 引自《一個投機者的告白》，第11章〈從證券交易所到交易股票〉。

**投機在意的是價差（價格的變動愈大愈有投機的空間），而投資在意
的是價值（在市價低於合理的價值愈大的時候，也就是安全邊際愈
大，愈值得買進）。**

　　即便是一家體質很差的公司，但因為具有轉機題材，讓股價扶搖
直上翻漲好幾倍，在投機者的眼中就是好標的，儘管在價值投資者眼
中可能不屑一顧。此外，投機除了做多交易以外，也同樣活躍於做空
交易，因此如果有一家公司因為缺乏競爭力而被市場淘汰，讓股價下
跌超過五成、甚至下跌超過九成，在投機者的眼中這就是一個做空的
好標的，儘管如此經營績效極差的公司可能從未被列入在價值投資者
的名單之中。

　　舉例來說，台灣股市在 2011 年當時的股王⑮宏達電（2498.TW）
因為在智慧型手機領域自創品牌成功並且打入國際市場，股價表現相
當亮麗，最高來到 1,300 元，然而好景不常，在海外市場節節敗退，
股價因此持續下跌，在 2015 年最低甚至跌到了 40.35 元。由〔圖
10-9〕宏達電（2498.TW）自 2009 年至 2018 年 8 月底的日 K 線圖
（採用對數座標）可以觀察到該公司自股價 1,300 元以來至今，幾乎

⑮ 股價最高的公司稱為股王。

圖 10-9 宏達電（2498.TW）自 2009 年至 2018 年 8 月底的日 K 線圖
（採用對數座標）

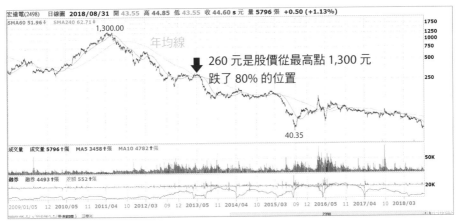

有八成的時間都是在下跌，每一次的股價反彈，都引來融券放空的增加，因為這樣競爭力節節敗退的公司在投機者眼中是放空的好標的，至於是不是好公司並不重要。

〔圖 10-9〕的走勢也驗證了科斯托蘭尼所說的：「已跌了 80% 的股票可能還是不值得買進。」❶❻ 以宏達電股價最高點 1,300 元來

---

❶❻ 引自《一個投機者的告白》，第 11 章〈從證券交易所到交易股票〉。

說，跌了 80% 也就是只剩下 260 元，但是買在 260 元的投資人，結果會賺錢嗎？事後來看，股價從 260 元再跌到 40.35 元，又跌了 84.4%！如果只因為某一家公司股價已經跌得很深、覺得很便宜，想要撿便宜，這以投機者的角度看來是個大錯誤。**在偉大投機家的眼中，他們在意的是未來，而不是過去，過去是給歷史學家研究的，而投機家專注於判斷未來的發展趨勢。**

　　科斯托蘭尼說：「**當我還是年輕人時，曾經學過開車，汽車教練跟我說：『你永遠學不會開車！』『為什麼？』我吃驚地問。『因為你總是盯著方向盤。你應該把頭抬起來，看前方三百公尺的地方。』從那以後，我坐在方向盤前，就變了一個人。」**❶❼ 在科斯托蘭尼的眼中，以研究過去歷史價量走勢為主的技術分析並無法帶來超額報酬，只有販賣技術分析以及相關分析軟體的人才能夠賺到大錢。如果說盯著盤面在做當沖交易的人如同是開車的人把眼睛盯著方向盤，那麼靠過去歷史價量走勢進行技術分析以做為交易依據的人，就像是看著後照鏡在開車一樣。

---

❶❼ 引自《一個投機者的告白》，第3章〈憑什麼投機？〉。

7‧嚴格執行賣出的紀律

　　科斯托蘭尼說：「**最難的是在證券市場裡承認賠錢，但就像外科手術，在病毒擴散之前，必須把手臂截肢，愈早愈好。要這樣做很難，一百個投機家中也許只有五個人能做到。證券交易所玩家犯下最不可原諒的錯誤，是設定獲利的上限，卻讓虧損不斷膨脹。一位正確操作、且有經驗的投機家會讓利潤增加，然後以相對較小的損失出場。」**[18]

　　許多投資人在股市當中慘賠的最主要原因，是大幅虧損的時候不願意認賠出場，或者是心理障礙覺得殺出之後就是殺低了、之後會更後悔。對於這樣的想法，傻一點可說是「帳上的虧損沒賣出以前不算真正賠」，有深度一點可說「回歸均值」（mean reversion），等待超跌之後的回彈。然而，在投機家的眼中，如果是投資在一國的大盤指數，因為橫跨各種產業，而且指數成分股有汰舊換新機制，放久了或許會隨著景氣的再度擴張，大盤指數回升上來，但是個別產業、個別公司則未必。

---

[18] 引自《一個投機者的告白》，第13章〈寫給敢做敢為的人〉。

若是一家公司因為缺乏競爭力而被業界所淘汰了，以很現實的說法，就是出局了，並不會再回來，有時候並不是個別公司的問題，而是整體產業產生變革，新技術與新規格取代了原有的系統，使得整個舊產業供應鏈被淘汰，甚至消失，如何再回來呢？這些被淘汰的產業中，有逐漸沒落的夕陽工業，例如光碟片取代了錄影帶，而雲端儲存技術又逐漸取代了光碟片；或者技術規格競爭下的輸家，例如智慧型手機領域的作業系統逐漸被兩強：蘋果陣營的 iOS 系統以及開放式平台的 Android 系統霸占，採用其他系統的業者或是被淘汰或是被迫轉型而投靠前兩大陣營。

　　事實上，那些被淘汰的產業、被淘汰的公司，從公司營運的基本面評估結果是市占率、營收和獲利持續衰退，對應在股價趨勢所顯示出來的就是長期空頭走勢，這是投機家們最好的放空標的，因為時間會站在空頭的一方，直到公司下市、甚至倒閉、或被其他公司併購為止。持有這些公司股票的投資人如果只因為帳面上損失太大而無法忍痛出場，不可諱言地自然成就了放空投機家們豐厚獲利來源的穩定貢獻者。我必須強調，**投機家們放空交易的對象是那些經營不善的公司，或者人謀不臧、經營管理階層犯下大錯的公司，而不是針對散戶**，當公司面臨來自市場的自然法則淘汰機制時，切記要盡速從這個漩渦中離開，唯一要做的：只有賣出。

市場要漲還是要跌，與個人買入成本毫無關聯，如果被自己的成本箝制住，將很難達成最佳的投資決策。最佳的投資決策很簡單：「市場要漲就該買進或做多，市場要跌就該賣出或做空。」——而這句話裡沒有成本兩個字。成本是給弱者自我安慰用的，它會讓人原地踏步甚至沉淪；贏家專注在洞悉市場，於是不斷前進。你只要賣出錯誤的部位，讓這些資金得以自由運用買進對的標的，自然而然可以繼續獲利，**每一個好標的帶給你的上漲潛力都可能大過那些拖住你績效的標的，請不要讓錯誤的部位困住了你。在市場上沒有人可以困住你，只有你的心態困住了自己。**

　　科斯托蘭尼說：「**不要冀望不惜任何代價，把賠的錢『重新賺回來』。如果已經蒙受損失，便必須承認，把帳算清，馬上從零開始。」**[19] 事實上，賠掉的錢是不會賺回來的，如果你之後有賺錢，是因為你變得更精明、實力更強，因此從市場當中把錢賺進來，然而這些錢並不是你之前賠掉的那些錢，市場機制是每天收盤後立即結算，賠掉的已成歷史，你無法改變過去。

　　過去賠掉的錢能夠和未來有唯一正相關的，是從錯誤當中學習到

---

[19] 引自《一個投機者的告白》，第13章〈寫給敢做敢為的人〉。

的經驗，協助你成為更好的投機者，明白建立正確的觀念、做出正確的判斷、執行正確的交易，從市場中光明正大的賺取財富。**市場永遠尊敬那些觀念正確的人，並給做出正確判斷與決定的人最好的報償，而你要努力成為這樣的人，金錢的報償只是隨之而來的自然結果。**

由於要做到斷然停損並不容易，一百個投機家當中也許只有五個人能做到，因此我提供以下這一個在法人圈中最常用來輔助達成停損機制的方法，供一般投資者們參考。由於事後虧損造成的心理障礙太大，人們都知道該停損但是卻做不到，因此真正有效的停損輔助機制並不是在事後，而在事前：**嚴格限制任何單一個股占整體投資組合比重不超過 10%，而單一國家的比重不超過 50%。** 這是一個防呆機制，避免自己因錯估而大虧之後動彈不得像癡呆一樣，上述原則看似平淡無奇，卻是絕對有效。

當一檔股票只有占你投資組合 10% 的狀況下，就算股價下跌了50%，對你整體的績效而言也僅有損失 5%，這讓你要砍就會砍得很輕鬆，可以下得了手，因此大幅地提高了你的存活率。記住，**金融市場是比氣長，而不是比氣盛，真正在金融市場上獲取到最大財富的人，都是那些長存股市的人**，科斯托蘭尼以 93 歲的高齡去世，一直到他離開人間，他都沒有離開市場。而奉行長期投資的股神巴菲特，

現年 88 歲、他的合夥人蒙格已高齡 94 歲（截至 2018 年 8 月底），
他們都從未離開市場，這才是投資獲利最大的關鍵：時間。

　　願紀律、智慧與你我同在！

—後記—

要走得快，一個人走；要走得遠，你需要同伴

在投資理財的學習之路上，並不是 0 與 1 的遊戲，而是從 0 到無限大的累積。我們並不會因為做對一筆交易而達成可以退休享受榮華富貴的目標；而是經由一次次「對的事情持續做」，時間，會把做對的事情用乘法放大到我們一生。這就是複利效果，無論理財或人生，都是如此。

金融市場是比氣長，而不是比氣盛。在非洲有一句諺語：「**要走得快，一個人走；要走得遠，你需要同伴。**」股神巴菲特與他亦師亦友的合夥人查理·蒙格，自 1959 年兩人相識、相知、相惜，時至今日依然維持密不可分、亦是戰友又是知己的輔車相依關係，截至 2018 年現今已將近一甲子（60 年）時間。如果想在金融市場上走得長遠，就一定要慎選好的夥伴陪你一起走，切記財富累積的祕訣在於複利效果，而關鍵要素正是時間的長度。

我不知道你何時可以讓自己的能力和財富累加到無限大，但我確定的是，只要有紀律而且穩定的前進，你會走到離 0 很遠的地方，當

你回頭看看以前的自己，你會發現自己已經站在一個想像不到的遙遠距離。無論你是否能在金融市場上獲利豐碩，我希望在為善助人這條道路上，能與我並肩同行，因為心靈的富有，才是真正的上流。科斯托蘭尼終其一生縱橫全球金融市場，但最後仍選擇了牛陣營，在咖啡館無償講授投資知識，並解答投資人的問題。繁華落盡見真淳，可見心靈的快樂和滿足，才是真正世界上最富有的人。

如果你要用一生可以賺多少錢為目標，那麼我不確定需擁有多少的財富，才能夠填滿那顆貪婪且無法知足的心；如果你用一生可以幫助多少人為目標，那麼我確信你的人生會因此充滿幸福和快樂——因為這就是我每天夜晚可以帶著微笑入睡，清晨帶著希望起床，在黑暗中從不恐懼，處亂世中從不孤單的祕訣，與你共享。

願善良、紀律、智慧，與你我同在！

安納金

2018 年 9 月 28 日

—附錄—
Q & A

　　本章摘錄了過去在臉書「一個投機者的告白網路讀書會」以及「安納金國際洞察」粉絲頁上的幾篇經典文章，可以做為科斯托蘭尼投資智慧的應用與延伸。

Q1・美國10年債殖利率突破多少%時股市會崩盤？ ❶

　　有讀者詢問我說：「美國 10 年債殖利率突破多少 % 時，股市會崩盤？」

　　我說：「金融市場沒有絕對，只有相對。如果您想要尋求一個完美的公式，或者必勝的判斷模式，那麼我會說您是徒勞無功，您愈執著於高準確率，那麼您就會在少數那一次不準的時候慘賠到無法彌補。」

---

❶ 原文2018年4月23日發表於安納金國際洞察粉絲頁，您可以掃描以下QRCode以開啟原文網頁：

如果您要一個絕對的答案，我可以跟您說：「美國 10 年債殖利率突破 7% 時，股市會崩盤。」這個答案絕對正確，但是對您沒有用，因為未來您幾乎遇不到這個水準。

如果我跟您說：「美國 10 年債殖利率突破 3% 時，股市會崩盤。」於是您在 2.99% 水準時去大量放空美國股票期貨，結果美國 10 年債殖利率突破了 3%，股市並沒有崩盤，您卻破產了。

散戶們常想要尋求一個「一定的答案」，那麼這就注定多數散戶慘賠離開的宿命。因為本文的第一段才是更重要的「原則」，而這些原則比起您要的那一個「完美判斷標準」，對您的投資生涯更有幫助。這是我 20 多年在全世界主要股市、債市、外匯、商品及原物料、甚至不動產和藝術品市場大量驗證下所觀察到的結果，也是數以萬計的散戶慘賠離開市場下的真知灼見，儘管多數散戶現在仍無法理解。

我可以舉一個最簡單的例子：

散戶問：「請問股市是不是 2×2 ＝ 4 ？」（P.S. 見山是山）

我會說：「金融市場沒有絕對，只有相對。如果您想要尋求一個完美的公式，或者必勝的判斷模式，那麼我會說您是徒勞無功，您愈執著於高準確率，那麼您就會在少數那一次不準的時候慘賠到無法彌補。」（因為這是真知灼見的根本原則）

散戶又問：「可是科斯托蘭尼說 2×2 ＝ 5 － 1 啊？」（P.S. 見山不是山）

我會說：「**2×2 可以是 5 － 1，但有時候是 2×2 ＝ 6 － 2，有時候是 2×2 ＝ 7 － 3，有時候是 2×2 ＝ 8 － 4，有時候是 2×2 ＝ 9 － 5，有時候是 2×2 ＝ 10 － 6，有時候是 2×2 ＝ 11 － 7……，因為這些在全世界金融市場都發生過。**」（P.S. 見山又是山）

「金融市場沒有絕對，只有相對。」這才是至高的原則，恪遵原則的人，才是大贏家。如果您拋棄了這些原則，那麼才是在金融市場慘痛教訓的開始，我已經見證了無數散戶因為失去原則而失敗，而且見證了多位大師因為奉行某些原則而成為大師、世界首富前幾名、或者全球最具影響力的人物前一百名。

如果您覺得原則很難懂，這是正確的認知，「**因為難懂而散戶不**

願意花時間去弄懂，於是金融市場上的贏家才會是少數人，那些少數願意用心學會金融市場原則的人、那些願意嚴格遵守、奉行原則的人，這就是輸贏的關鍵。」這又是另一原則。

回到「美國 10 年債殖利率突破多少 % 時，股市會崩盤？」這個問題。

以下文字是我 2018 年 4 月 23 日發表於「高手的養成 3：財富自由學習園地」，就是「金融市場沒有絕對，只有相對」原則在當今債券市場的實例解說，希望您有空可以看一下、而且願意花時間去看懂它：

為什麼長短期利率倒掛，通常之後進入景氣衰退？

如果要以「美國 10 年債殖利率突破多少 % 時股市會崩盤」，這不是一個參考性高的指標，反而以「殖利率曲線變成負斜率之後股市會崩盤」參考性較高。

「短期利率看政策、長期利率看供需。」這是一個基本原則。央行提高利率就是提高短期（貨幣市場）利率，而長期（債券市場）利

率是由債券的買賣雙方供需所決定。有些人喜歡用「聯邦基金利率－美國 10 年期公債殖利率」做為長短利差的指標；有些人喜歡用「美國 2 年期公債殖利率－美國 10 年期公債殖利率」，兩者皆可，只要短期利率高過了長期利率，就代表「殖利率曲線負斜率」。

在過去 20 年當中，1998 年、2000 年、2007 年都出現了這個現象，而股市在之後的幾個月到 1 年之內，美股呈現崩盤（1998 年當中的最大跌幅僅約 22%，但是台股從 10,256 點跌到了 5,422 點，確實崩盤）

「殖利率曲線倒掛，股市一定會崩盤？」沒有人可以保證未來一定如此，只能說過去 20 年確實是這樣。要留意，金融市場的大災難都是發生在過去沒有發生過的，例如 1998 年各國政府看著讓俄羅斯政府倒帳也連帶讓 LTCM❷ 倒閉而釀成短暫金融危機，還有 2008 年美國放手讓雷曼倒閉，這種大國倒帳、百年大型金融機構倒閉在當時都是過去從未發生、卻發生了，如果不是這兩個事件，那麼 1998 年、2008 年股市未必會崩跌如此嚴重。

---

❷ Long-Term Capital Management L.P.，長期資本管理公司

貨幣市場是債券市場的競爭者之一，以目前（2018 年 4 月 23日）聯邦基金利率在 1.75% 來說，美國 10 年期公債殖利率在 2.96%左右，還不至於構成威脅，但若明年這時候聯準會已經又多升了四碼（一碼為 0.25%）而讓貨幣市場利率來到逼近 2.75%，那麼您想放在美元一年定存 2.75% 完全保本保息，還是持有美國 10 年期公債一年不保本（價格在未來一年會上下波動很大）呢？如果後者利率不往上走（例如超過 3% 以上）來吸引人，定存族何必犧牲貨幣市場穩穩的報酬去承擔債券波動風險呢？

　　美國 2 年期公債被視為短年期的債券（殖利率正常來說要比 10年債還要低，因為若要說 10 年內美國一定不會倒帳，沒人敢保證；但是若說 2 年內不會倒帳，大家比較有信心），而且因為年期短，存續期間❸ 較短，所以跟貨幣市場利率稍微貼近，而和買家們對於景氣判斷較無關。

---

❸ duration，也就是債券價格對於利率變動的敏感度。

美國 10 年期公債被視為中期的債券，主要買家是各國央行、各國退休基金、主權財富基金（例如中國的外匯存底）、保險公司（因為保險的保障長達10－40年，因此需要買中長年期的債券來達到資產負債表平衡〔liability-matching〕）、國際上各大金融機構，還有避險基金。因此交易者非常多元，買賣交易量很大，而且也因為存續期間較長，價格波動較大，既然要承擔相對較大的價格波動風險，因此市場交易者都會審慎判斷「未來」景氣變動（以做為判斷「未來」利率變動的依據），來決定合適的買賣價格，也因此，是由市場所有的買賣家們交易出來的價格，比較和「現在」美國聯準會的利率（也就是短期利率）沒那麼直接關係。

如果 2 年期公債殖利率高於 10 年期公債，代表市場對於 10 年期公債的買進需求很大，通常是因為看壞未來的景氣，因此龐大的資金從股市跑出來，流向了具有固定收益的債券市場，把債券價格推到很貴的地步，也因此殖利率低到比 2 年期公債殖利率還要更低，也就是所謂的「殖利率曲線倒掛」現象。記住，債券就是股票的最大競爭者❹。

---

❹ 補充：而貨幣市場是債券市場的次要競爭者，房地產市場又是債券市場的次次要競爭者……

圖 12-1　美國 S&P500 指數與美債殖利率曲線圖

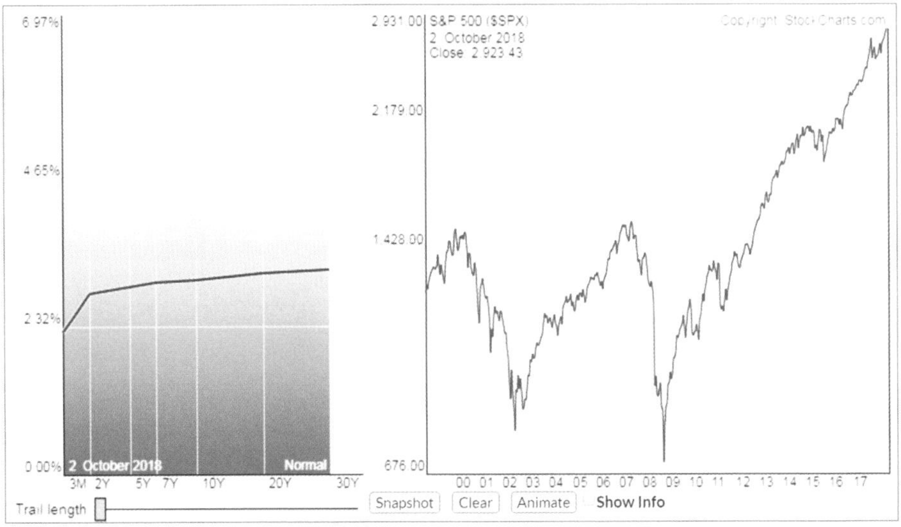

資料來源：http://stockcharts.com/freecharts/yieldcurve.php

　　因此，**科斯托蘭尼在《一個投機者的告白》第 6 章後面提到，央行升息也會影響到長期利率（債券市場屬於長期利率）是間接的影響，不是直接的影響。**只要您真的有買過美國公債（或公債相關的基金），應該不難感受到央行政策利率同時會直接影響貨幣市場、間接影響債券市場、外匯市場、並且會影響股市、黃金、原物料價格、房地產價格、藝術品價格……**因為央行決定了資金的潮汐，它們才是「整個市場」最大的主力！**

另外，真正的市場之大，超乎多數散戶投資人的想像，股市加債市雖然是主流，但也僅是整個市場的一部分（如果將所有可交易的外匯和貨幣市場、衍生性金融商品、房地產、藝術品總規模全部算入），因此我們不能說股市流出的錢一定會流入債市（例如2018年1月底股債齊跌），而是牽一髮動全身。所以我說金融市場沒有絕對，只有相對，若債市今年大失血，並不代表股市一定會大漲，而且每次的狀態都不太一樣，所以如果您想要尋求一個完美的公式，或者必勝的判斷模式，那麼我會說您是徒勞無功，您愈執著於高準確率，那麼您就會在少數那一次不準的時候慘賠到無法彌補。

「原則是基本真理，可以做為行為的基礎，使您得到生命中想要的事物。您可以一次又一次在類似的情況下應用，幫助您實現目標。」──瑞‧達利歐，橋水聯合創辦人兼執行長，《原則》作者。

Q2‧如何克服選擇性知覺，提升投資績效？⑤

人們通常只會看見他想看見、聽見他想聽見的，而對於其他意見

---

⑤ 原文2018年9月19日發表於安納金國際洞察粉絲頁，您可以掃描以下QRCode以開啟原文網頁：

選擇性忽略。

①日本持續實施 QQE 而且看不到盡頭，是全世界目前撒錢量最大的國家，日本股市被資金潮汐推上去創新高是必然的。任何一個股市向上突破，一定會有媒體把利多找出來給您，但是您不需要每天蒐集新聞，也可以判斷出日經 225 指數持續朝多頭前進。

②安納金國際洞察 VIP 專區報告中的判斷方法：趨勢和時間，已經決定了大多數標的表現，那就是主人的走勢，至於狗要怎麼來回跑，就看牠肺活量有多大，您能耐夠，就可以來回跑多賺一些，不行就緊抱不要動，也可以賺很多。

③**投資者，抱著不要動就可以了，直到趨勢被扭轉為止。**顯然日經 225 指數的趨勢毫無被扭轉的可能性。2018 年 9 月 9 日晚間安納金國際洞察發出的 VIP 專區報告已經提醒可以買進日股。

④**投機者，順著多頭的大趨勢建立基本部位（大原則：多頭只能做多、不做空），狗往下跑時多買一些、向上衝過頭獲利了結，指數不用創新高，您的帳戶總值就會不斷創新高。**

⑤「現在還可不可以買？」我最不喜歡別人問這種問題，因為這是散戶賠錢的主因。2017 年 6 月 21 日 MSCI 表示要將 A 股納入指數，我說要買好買滿（從 2017 年 5 月 8 日買進後連續建議買進一個多月），6 月 21 日的 A50 指數是 11,000 點，至今沒有人賠錢。但是漲了半年看到別人賺了 50% 以上再問能不能買的人，注定要賠錢，和標的無關，是心態；思維決定選擇，選擇決定命運。

⑥散戶的宿命在他們還沒選擇前就已經知道最後結果，因為思維。我日日夜夜所付出的努力，就是為了扭轉散戶的思維，**只要思維能夠扭轉，結果就會變好。心態正確，無論您到哪裡、做什麼選擇，終究都會很好。**

Q3・為何此時持股上限40%不能再加碼？ ❻❼

有訂閱安納金國際洞察 VIP 專區的讀者們應該有注意到，從 2018 年 9 月 19 日開始已經不再建議追價買進股票（原持有的美股＋日股＋台股合計總持股上限 40%，2018 年 9 年 20 日再度降持股到

---

❻ 提醒：這一篇是以中長期投資角度衡量，而非討論短線投機。
❼ 原文2018年9月19日發表於安納金國際洞察粉絲頁，您可以掃描以下QRCode以開啟原文網頁：

30%），這個判斷是如何形成？

如果您單純只做台股，是看不出哪裡條件改變了。但您若綜觀全局，就會發現美國 10 年債殖利率近期快速彈升，目前已經來到了 3.08%。

如果您是法人，以目前美債殖利率持續上升的狀況到年底可能來到逼近 3.5%，若台股持續上漲則股息殖利率則會降低（目前平均股息殖利率約 4.2%）甚至低於 4%。若法人必須考量買進之後持有一年的狀況，您認為法人會如何評估呢？

或許您覺得台股還會漲，買進有利可圖，但是請問您買在 11,000 點的台股，出場的規畫是什麼？賺 5% 出場嗎？如果實際上只賺到 3% 就往下急殺 10%，您會不會因不甘心而不停損，一年後變成負 30% 離場呢？相反地，您把資金買在美債持有一年基本上大約有 3% 以上的息收，若明年景氣轉差而美國降息，您又會賺到額外的債券價格上漲的資本利得。

並不是說現在不能買股而要買債，而是提醒您股市已經要漲最後一波，您握有 30% 的持股就夠了（還有另外 10% 的原油相關 ETF，

漲得甚至比股市還快）；現在還不能買美國公債，因為公債還要殺最後一波。**股市翻空而債券翻多的死亡交叉點沒人敢站出來保證哪一天出現，但我希望那一天出現時，您的投資組合已經做好了萬全的準備。**

　　唯有您綜觀大局，才能真正做出好的決策。

Q4‧股市的頂尖高手與獅子有何雷同？[8]

　　我的觀點如下，請先看過以下這一篇文章〈**台股的戰略思維**〉[9]：

　　①目前新興市場股匯債瀕臨危機，幾乎是靠美股的多頭在支撐，全球股市尚未明顯翻空，等到美股確定轉弱，新興市場將以崩跌的速度探底。然而，在 2018 年 9 月 12 日的安納金國際洞察 VIP 日報當中提到，台股具有高股息殖利率、匯率在新興市場國家當中相對穩定

[8] 原文2018年9月16日發表於安納金國際洞察粉絲頁，您可以掃描以下QRCode以開啟原文網頁：

[9] https://goo.gl/K41nUQ；原文2018年9月13日發表於moneybar安納金專區，您可以掃描以下QRCode以開啟原文網頁：

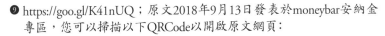

等優勢，只要跌落 10,800 點以下，就足以吸引外資買盤承接，2018年 9 月 13 日外資繼續買超 14.03 億元。

②台股散戶的第一層思考：通常是以所見所聞（眼界小的見聞，通常就是目前的股價走勢、頂多以今年以來的 K 線圖來觀察價量）做判斷，2018 年 9 月 13 日人氣指標股被動元件龍頭國巨繼續破底，而蘋概股指標同時也是台灣第二大權值股鴻海持續下挫，因此認為台股走勢將繼續疲弱甚至探底。

③高手的第二層思考：通常以宏觀的角度去看整個全景。以六大類資產的領先指標外匯市場而言，DXY 美元指數 2018 年 9 月 12 日走弱，暗示國際緊張情勢下降、新興市場壓力因此降低，以此可以判斷 2018 年 9 月 13 日新興市場股匯債應有跌深反彈（這是預期，需要觀察實際市場的走勢來驗證）。實際上 2018 年 9 月 13 日亞洲新興市場股市幾乎全面上漲，尤其中國股市漲幅不小，然而反觀台灣因為被動元件的殺盤而使台股沒有漲。這就出現了一個「台股上漲反應不足」的偏差出現，創造一個撿便宜的買進機會。

④高手的第三層思考：在綜觀整體大局之下的戰略思維與取捨。既然從第二層思考已經發現台股有超跌狀況、隨時可能補漲，然而是

否要把握這樣的機會，就要看自己的投資組合需不需要台股？自己的操作週期是多長，需不需要去把握這樣短線的機會？也就是說，即便從第二層思考發現投資機會，也必須經過第三層思考的戰略思維來決定要不要買。以孔明的足智多謀，要奇襲拿下任何一座城不難，但為何他不會隨便出手？關鍵就是戰略思維：您要顧全大局，而不是短視近利。

⑤多數的散戶都停留在第一層思考，今天（2018 年 9 月 13 日）覺得被動元件很弱、蘋概股很弱，必須停損、甚至破底可以做空。有經驗的老手會做第二層思考，善用散戶心態來從中獲利，在散戶殺出的時候撿便宜。頂尖高手則在制高點綜觀全局，將散戶、老手們的思維看在眼裡，但未必會採取任何行動。要看頂尖高手的投資組合如果有需要台股，那麼就會在 9 月 13 日再買進（就像外資買超 14.03 億元）；不需要的話，再便宜也不會買。

⑥散戶看著後照鏡在開車，有經驗一點的老手看著眼前 50 至 300 公尺在開車，頂尖高手從制高點看著整體路況再決定要不要開車。前兩者都是二度空間思維，只有頂尖高手是三度空間思維。您必須習慣於看國際股市、加上外匯市場，基本上就脫離二度空間思維，如果不行，練到行為止，因為這會讓您脫離散戶的層級而晉升到高手

層級，這對您翻轉一生的財富宿命絕對值得投注時間去刻意練習。

回到本篇的主題：**股市的頂尖高手與獅子有何雷同？**

①**尊重與順應自然法則**：即便獅子為萬獸之王，但也完全尊重物競天擇適者生存的自然法則。那些新手（弱者）和老手（強者）的思維和行為，他們總能瞭若指掌，市場上每天老手對新手的弱肉強食，他們雖看在眼裡但並不干預。如瑞 · 達利歐在《原則》著作中所說的：「**演化是宇宙中唯一最強大的力量，唯有它是永恆的，它推動一切。**」自然法則中唯一不變的就是變，讓生態維持平衡、而且透過競爭與淘汰機制來達成集體進化，才是最大化整體生態圈福祉的目標，任何違抗自然法則的行為，在整體生態演化的大局上來看，終將毫無助益。

所有新手唯有透過強化自身競爭力與自我提升，市場自然會給那些成為更具競爭力的人良好回報，天道酬勤。股市若缺乏淘汰機制而讓所有不事生產的懶惰者獲利，將傷害勞動市場平衡、使整體社會資源錯置，世界終將付出更慘痛代價。

②**享受真正的自由**：獅子就體型與力氣在動物界的分類上並非是

最大，也不是行動最快速，但是牠們很清楚自己所追求的是什麼：自由（自由的徜徉在大地草原享受陽光、享受漫步於森林裡的愜意悠閒，並且一**無所懼**）。牠們位居整個食物鏈的最上層，能輕而易舉獵殺絕大多數的動物為囊中物，然而牠們只有在需要的時候獵食，從不因為能力強就豪取掠奪。

「**任弱水三千，只取一瓢飲**」，詮釋出真正的自由。唯有最具能力、也充分了解自己，才能掌握選擇的權利，享受真正的自由。獅子顯然是廣大草原上，最自由的動物。

多數人對獅子的描述放在獵食，然而萬獸之王的核心價值在於自由；多數人對於人生財富自由的焦點放在財富，然而頂尖高手的重點在於自由。

不過，人類顯然是比獅子具有更高智慧的物種，而且可能是極少**數能夠站在更高層次反思的動物**。雖並列於食物鏈最上層，是愛與慈悲心將人類與獅子區隔分出高下的主因。尊重自然法則並且享受真正的自由是亙古不變的大原則，然而在這些原則的基礎之上，我們又可以是一隻願意讓別人站在我們肩上而看得更遠的獅子，讓生態圈裡的其他動物因為我們的付出，而一同往更美好的方向進化。因此我們所

能夠做的比獅子多太多，只要您願意。

願善良、智慧與您我同在！

Q5・投資之路是零到無限大的累積[10]

當您在夜晚時仰望滿天的星斗，或許映在您眼簾的，是一座又一座的「星座」，一群一群的聚集在一起，彷彿永恆的相依。有時候他們一同閃閃發亮，足以陪伴您在漫漫長夜裡不孤單。

距離是相對的、能力是相對的、時間也是。當我們看著活在二度空間裡的螞蟻忙碌進進出出尋找食物，卻無法體會三度空間的人類如何生活，沒遇到人類的螞蟻們，甚至不知道人類和它們活在同一個時空。您無法讓它們理解一年有多長、或者我們和它們之間距離多遠，因為物種的差異，對時間和空間的感受，並不是我們所能理解。

當我們看著任何一個星座，就以我最喜歡的獵戶座來說好了，事實上，那是從地球的角度來看彷彿它們聚在一起，實際上，它們彼此

---

[10] 原文2018年9月3日發表於安納金國際洞察粉絲頁，您可以掃描以下QRCode以開啟原文網頁：

之間的距離是數百光年，甚至上千光年，而它們當中離地球最近的一顆是 430 光年之遠（閃閃星光，是以光速走了 430 年之久才到您眼裡）。也就是說，獵戶座每一顆恆星之間的距離或許就大過了從地球看它們的距離。它們並沒有在一起，就科學而言，那只是人們看事情的角度不夠真確罷了。浪漫一點說，**緣分讓我們在同一個時空裡，可以看見彼此，而浩瀚無垠的宇宙中，我們肉眼看不見的星球又比看得到的多過太多。在我們一生當中相遇不到的人又比遇得到的多過太多太多。**

以目前人類科技進步的速度，火星是在 50 年之內人類唯一到得了的行星，它和地球的距離僅有 4 分 50 秒的光速距離，我們在夏天的夜裡，滿天的星斗，沒有一顆是我們此生到得了的距離。我們必須珍惜，所有能夠在一生當中和我們靠近的，因為在無邊無際的宇宙當中能夠相遇，已經是生命的奇蹟。

我的好友楊大說：「好的經驗、壞的經驗，都是經驗。」那麼我**會說好的緣分、壞的緣分，都是緣分，當您把不好的經驗和緣分轉化成為處世的智慧，那麼它們成就了一個更有智慧的您，要珍惜！**

願紀律、智慧與您我同在！

Q6・〔投資的聖杯〕安納金演繹3.5〈恆產與格局〉 ❶

①為什麼時間拉長，跨六大類資產的總淨值會不斷的上升呢？這就是我說的潮汐的力量，只要全球的資金寬鬆，全球的貨幣供給總量增加，價格就會被資金向上推升，這樣的力量不是任何人可以阻擋（包括美國總統）。善用潮汐的力量，在漲潮期間持續逢低買進任何因為波動而出現谷底的資產，就是絕大多數投資大師們（包括巴菲特、查理・蒙格、霍華・馬克斯、瑞・達利歐）長期績效遙遙領先凡夫俗子的關鍵。你要去感受這原則、親身體驗這原則、悟透這原則、讓它成為伴你一生的投資核心原則。

②聽起來很簡單，抱著不動就好了，但為什麼多數人做不到？因為即便潮汐屬於漲潮（自 2008 年金融海嘯後到現在，全球央行的資金總量至今還在增加，沒有退潮），幾次較大的回檔波浪，就足以讓股市投資人熬不過。以下圖為例，很少台股散戶能夠從 9,220 點跌到 6,609 點的過程不動如山、從 10,014 點跌到 7,203 點也是。

---

❶ 原文2018年8月28日發表於moneybar安納金VIP訂閱專區，您可以掃描以下QRCode以開啟原文網頁：

圖 12-2　台股指數自 2008 年以來至 2018 年 8 月 21 日的日 K 線圖
（採用對數座標）

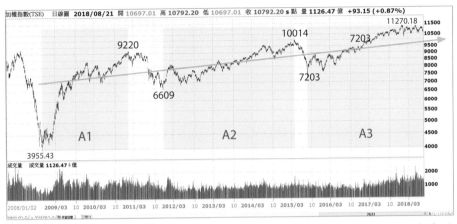

資料來源：XQ 操盤高手

　　③這是為何，「長期投資」這件事情這麼難，除非是資產達數億元以上的規模，即便損失 3,000 萬也完全不影響生活品質的人，才做得到（我周遭確實有不少這樣的人，他們確實可以做到，但你不行，因為無恆產者必無恆心）。因此，我提倡給一般人（總資產在 3,000 萬元以下的人）穩操勝算的方式並不是 100%「長期投資」，而是「波段投資」，也就是上圖當中的 A1、A2、A3 期間的買進持有，而盡可能避開較大的回檔修正波。（備註：在上述的兩次較大修正波當中，跌幅約 30%，持有一億元以上投資部位的人抱著不動，最大損

失會超過 3,000 萬元。）

④若要做到「波段投資」趨吉避凶，勢必需要動態的調整持股水位。例如 2018 年 1 月下旬我建議減碼兩成持股、2018 年 3 月 1 日川普揭開貿易戰序幕，我建議將總持股降到 20% 以下（4 月之後拉高到 50%）、2018 年 6 月再次建議將總持股降到 20% 以下（之後再拉高到 30%、並在 2018 年 10 月 5 日出清所有持股），因為我們永遠無法事先知道「絕對高點」，那只能事後隔一段時間後才能被確定下來，但我們可以知道「相對高點」，今年以來我建議的每一次減碼，都是在接近相對高點前一週持續提醒減碼。

⑤同理，今年以來我也持續在「相對低點」出現前幾天，持續建議逢低分批承接。這無關預測，只關乎「紀律」，你只要相信人性的貪婪和恐懼永遠存在，那麼你就永遠可以低買高賣，透過控部位，從散戶的貪婪和恐懼當中來獲取利潤。而這種「控部位」的方式並不需要盤中看盤，而是前一天晚上就可以預掛好，讓市場自己去幫你成交。盤前預掛，會比盤中看盤再下單的價位好很多（但盤前預掛單必須分散日期、分批進行）。

⑥高手並不是先知（預知未來走勢），而是有紀律的控部位，讓

自己在相對高檔區的持股相對較少，在相對低檔區持股相對較多。如此，指數根本不需要創新高，隨著時間經過，資產總值就會自然創下新高。你唯有親自和我走過這一趟，才會明瞭，如果繼續和我走過未來兩年，你就會清楚看出你和散戶總資產的差異（尤其經過一次空頭洗禮之後，差距會一次大幅拉開）。當然，我再次強調，如果您是資產總值非常高的投資者，有恆產因此可以有恆心，請你在潮汐沒有退潮之前，抱著不動就好，這樣的人，若真的遇到退潮會有感覺的，而且知道資金應該要往哪裡去，因為這些人的財務格局夠大，能夠在各大類資產之間自由移動，因此才會成為資產上億的人，如果你現在沒有這樣的習慣和格局，請你現在就開始養成。

P.S. 您終究會懂「高手的養成」名稱的由來，《高手的養成》前兩本書只是導論，我說過，投資高手只能從實戰中學習、從 PDCA（規畫、執行、檢討、修正）過程一步步累積，不可能看幾萬篇網路文章就獲得能力。很慶幸的我們已經一起走在這條道路上，而且我確信一、兩年後的你，會與散戶格局相差十萬八千里，其他人大概需要20 年的資歷（經歷過兩次景氣循環，或者破產兩次）才會頓悟這些道理。

願紀律、智慧與你我同在！

Q7・〔投資的聖杯〕安納金演繹3.6〈最佳策略〉 ❶⓬

延續前一篇：〔投資的聖杯〕安納金演繹 3.5〈恆產與格局〉

①上文提到，因為無恆產者必無恆心，一般人（總資產在 3,000 萬元以下的人）穩操勝算的方式並不是 100%「長期投資」，而是「波段投資」。若要做到「波段投資」趨吉避凶，勢必需要動態的調整持股水位，讓自己在相對高檔區的持股相對較少，在相對低檔區持股相對較多。如此，指數根本不需要創新高，隨著時間經過，資產總值就會自然創下新高。

②就「策略」而言，長期投資、波段投資、短線投機比較如下：

(1) 長期投資：買進並長期持有，大跌大買、小跌小買，目標是長期累積到最大的資產總值，就像存錢一樣，除非有資金需求，才賣出一小部分部位變現來支用，不然就是一直存一直存。目前市場上流行的「存股」就是採用此原則，目標是靠每年的配息成為被動收入來源、達到財富自由。

⓬ 原文2018年4月23日發表於moneybar安納金VIP訂閱專區，您可以掃描以下QRCode以開啟原文網頁：

(2) 波段投資：在下圖的 A1、A2、A3 階段持有，通常到每一個階段的後期，持股上限會降低，藉以避開較大的回檔修正波（A1 至 A2 之間、A2 到 A3 之間的大跌，都是先從漲多回吐開始，之後基本面有疑慮，因此進入長達 4 至 10 個月的回檔）。在指數大跌之後，指數愈往下，逐步分批承接愈多部位。

(3) 短線投機：目標是利用每一次的明顯波動，低買高賣而產生獲利。例如下圖當中，在每一次指數接近上升趨勢線支撐時買進、在向上靠近壓力區時賣出，每一次都有 5% 左右的空間。

圖 **12-3** 台股指數自 2017 年 8 月 31 日至 2018 年 8 月 30 日的日 K 線圖（採用對數座標）

資料來源：XQ 操盤高手

③以上三種策略的優缺點比較如下：

	優點	缺點
長期投資	不用判斷市場行情走向，只要有錢就買，大跌大買、小跌小買。若長期投資在持續能夠創新高的國家股市（例如美股）則複利效果最佳，會賺取到整個上漲趨勢。	因為不管市場多空，就是一直買，**很可能在較大的回檔修正波當中，資產損失達30%而感到痛苦**。若是 2000 年科技泡沫或 2008 金融海嘯的空頭，**可能會在損失超過 50% 之後斷氣**。法人或大戶口袋夠深可以這樣做，但是散戶可能在多頭存得很開心、一次大空頭就完全失去信心。
波段投資	在每一次景氣大循環（每7 至 10 年一次）當中的三個不同漲升階段（A1、A2、A3）獲取到每一段30% 至 50% 的利潤。	由於部位是漸進式的調整，因此漲勢來到後期因為持股水位降低，所以**賺的速度比不上 100% 持股**。當股市大跌的幅度遠超過常態時（例如中國 A50 在 2018 年上半年的大跌）**若分批承接的速度過快會有較大損失。**
短線投機	不用管基本面到底狀況如何，只要逢低買進、逢高賣出，每一次賺取指數 5%以上波動的利潤。（有些人覺得 5% 區間太小，獲利有限，因而使用期貨槓桿操作來放大部位。）	需要花較多時間在看盤、下單。為了達到低買高賣的效果，同樣也必須分批買進、分批出場。若部位太小，獲利有限；若部位過重，也可能會在某幾次超乎預期的下跌出現較大損失。**風險控管、資金控管成為輸贏關鍵（但散戶通常這方面做得最糟。）**

④任何的策略都是兩面刃，有優點必有缺點，完美的策略並不存在，只有適不適合你罷了；倚天劍和屠龍刀，在不懂運用的人手裡，只會弄傷自己（總幹事黃國華說過「別人的聖杯，成了你的墓碑」）。此外，別人賺大錢所使用的策略，或許只是當時的市場階段有利於該策略，但是你沒看到後來市場不利於該策略時，對方的損失有多慘。如果你看到別人運用某一種策略賺大錢（而且開始大肆宣

揚）時，往往代表那個市場階段快要過了，相反的階段隨時可能來臨，這也是為何市場上不乏曾經賺到大錢的人，但最後帶著滿滿財富離開股市的人並不多。

⑤為什麼安納金不教你一種投資策略就好？你現在應該明瞭，沒有只憑一招一式可以長存股市的，那些只想要靠一種方法賺到大錢的人，他們或許會賺到大錢，但最後他們肯定會賠掉大錢。你必須看透這些不同策略之間的利弊，在對的市場階段下採用合適的策略、在市場風向轉變之後，改用別種策略。安納金實際採行的策略，大約 20% 長期投資、30% 波段投資、10% 短線投機，這些部位在不同帳戶內獨立進行，且隨著景氣的不同階段，配置比重會調整，還有40% 是其他策略（未來會另外詳述）。

「見天地」，才會知道自己的渺小；遇過高手，才會知道自己的不足。

「給你看宮家的六十四手，是讓你明白，人外有人，山外有山，拳不能只有眼前路，而沒有身後身。」──取自電影《一代宗師》經典對白

願紀律、智慧與你我同在！

─附錄─
推薦財經網站及資訊源

1・鉅亨網

連結：https://www.cnyes.com/

簡介：鉅亨網創立於 1999 年，陪伴許多台灣投資人成長，是受到許多投資人喜愛的財經媒體之一。提供 24 小時全球財經新聞的服務，每日由專業記者團隊彙整國內外即時財經新聞，秉持中立立場為投資人報導最有價值的國內外財經資訊。

這是我每天必定會使用的網站之一，藉由鉅亨提供的即時且客觀國內外資訊，是我在進行全球市場投資判斷的過程中重要的資訊來源。尤其是國際新聞區域，對一般投資人來說是免費而且是有效的工具。

2・玩股網

連結：https://www.wantgoo.com/

簡介：玩股網創立於 2009 年，提供豐富的台股資訊、國際股市報價、多種股市分析工具、飆股搜尋系統、自選股、投資教學社團，期許能夠幫助投資人找到穩定獲利模式，以達到財富自由的目標。

我個人最喜歡用玩股網「全球國際股市指數即時行情」的功能，全世界主要的股價指數、期貨、外匯、油價、原物料、主要公債殖利率，一目瞭然，報價功能相當即時，每 10 秒鐘更新一次，且走勢圖清晰、配色美觀，是我認為市場上免費的金融資訊當中，線圖介面做得最好看也最即時的一個。

3 · MacroMicro財經M平方

連結：https://www.macromicro.me/macro

簡介：「MacroMicro ／財經 M 平方」是台灣唯一研究全球股、匯、債、原物料基本面的專業投資平台。藉由科技的力量，自建龐大的資料庫與分析系統，致力於將關鍵的數據，轉化為友善並自動更新的圖表，協助大家擘畫出屬於自己的投資地圖。

這是我目前所使用的最宏觀而且即時的國際總體經濟數據來源之一，該網站在國內外各主要總經數據的呈現上非常美觀好用，同時也提供了重要經濟數據或金融市場重大事件的解讀，非常用心而且客觀中立。

4・TMBA

連結：https://tmba.tw

簡介：TMBA 創立於 2001 年，定位為校園與實務界知識交流的平台，在台大及政大校內皆為大型財經與投資類型社團，設有「投資部」、「策略行銷部」兩大部門。而「投資部」又分為國際金融、個股研究、程式交易等三大領域，無償地教育以及培訓校園內有志於往金融投資領域發展的人才。

這是我在學生時期就參與至今的大型社團，除了每年舉辦數十場校內社課，邀請業界知名人士與傑出校友回校教育學弟妹之外，每年也舉辦幾場的大型公開論壇或講座，開放業界人士參與。對想要進行跨國投資的一般投資人而言，該網站十多年來持續免費提供的《TMBA 國際金融展望雙周刊》是極具參考價值的一份報告。

高手網魚圖

　　此為 2018 年 9 月發表於臉書社團「高手的養成 3 - 財富自由學習園地」的作品，由王政義作詞、Cindy Hsu 作畫，真跡贈與安納金收藏。詞中描述的意境是市場投資人普遍的短視眼界，然而如同科斯托蘭尼所說：「著重小利者，不會有大價值。」當散戶投資人汲汲營營於短線交易，甚至股市已經來到漲勢末端時卻渾然不知，而高手則氣定神閒、靜靜地等待未來市場較大的修正之後，輕鬆盡收羅網中，值得一再品味其寓意。

　　　　　　　　　　　註：本圖臨摹自黃君璧作品，非商業用。

學習再學習
看中小利者
不會有大價值
學習把思維格局
放大放遠

卻忽視
不遠處是斷崖
等到崖邊
想回頭時
發現水流太強
連同船上的魚
一起掉下斷崖了⋯
原來瀑布下方
還有人設網
氣定神閒
不管大魚小魚
連掉下懸崖的
都抓到了

只看到河中有魚

高手網魚圖
一七中秋

一個投機者的告白實戰書

作者	安納金
商周集團執行長	郭奕伶
視覺顧問	陳栩椿
商業周刊出版部	
總編輯	余幸娟
責任編輯	林雲
封面設計	Bert
插畫	woody
內頁排版	邱介惠
出版發行	城邦文化事業股份有限公司-商業周刊
地址	104台北市中山區民生東路二段141號4樓
	電話：(02)2505-6789　傳真：(02)2503-6399
讀者服務專線	(02)2510-8888
商周集團網站服務信箱	mailbox@bwnet.com.tw
劃撥帳號	50003033
戶名	英屬蓋曼群島商家庭傳媒股份有限公司城邦分公司
網站	www.businessweekly.com.tw
香港發行所	城邦（香港）出版集團有限公司
	香港灣仔駱克道193號東超商業中心1樓
	電話：（852）25086231傳真：（852）25789337
	E-mail：hkcite@biznetvigator.com
製版印刷	中原造像股份有限公司
總經銷	聯合發行股份有限公司 電話：（02）2917-8022
初版1刷	2018年11月
初版16刷	2024年1月
定價	380元
ISBN	978-986-7778-43-7（平裝）

國家圖書館出版品預行編目資料

一個投機者的告白實戰書 / 安納金著. -- 初版. -- 臺北市：
城邦商業周刊, 2018.11
　面；　公分

ISBN 978-986-7778-43-7(平裝)

1.股票投資 2.投資技術 3.投資分析

563.53　　　　　　　　　　　107017872

紅沙龍

Try not to become a man of success but rather to become a man of value.
～Albert Einstein (1879 - 1955)

毋須做成功之士，寧做有價值的人。 —— 科學家　亞伯·愛因斯坦